普 通 高 等 职 业 教 育 规 划 教 材
21世纪卓越汽车应用型人才培养专用教材

汽车发动机电控技术

实训项目作业书

组　编　华汽教育
主　编　夏令伟
副主编　王胜年　陈　涛
编　写　殷武杰　赵海峰
主　审　赵　彬

同济大学出版社
TONGJI UNIVERSITY PRESS

内容提要

本书是“汽车发动机电控技术”课程的配套实训教材，在内容安排上本着近期“必需够用”和将来“迁移可用”的原则，以培养学生实际工作的基本能力和基本技能为目的。

全书共8个实训项目，包括电控发动机总体结构认识、传感器的结构认识和检测、燃油供给系统检修、进气控制系统检修、点火系统检修、废气排放控制系统检修、汽油发动机电控系统故障诊断、电控柴油机燃油系统检测与故障诊断。

本书不仅可以作为在校学生学习“汽车发动机电控技术”实践操作技能的教材，也可以作为汽车从业人员业务培训和汽车维修职业技能资格考核的教材。

图书在版编目(CIP)数据

汽车发动机电控技术实训项目作业书/夏令伟主编；殷武杰，赵海峰编写. --上海：同济大学出版社，2010.12 (2017.7 重印)

普通高等职业教育规划教材. 21世纪卓越汽车应用型人才培养专用教材

ISBN 978-7-5608-4477-0

Ⅰ. ①汽… Ⅱ. ①夏… ②殷… ③赵… Ⅲ. ①汽车—发动机—电子系统：控制系统—高等学校：技术学校—教学参考资料 Ⅳ. ①U464

中国版本图书馆 CIP 数据核字(2010)第 250120 号

普通高等职业教育规划教材
21世纪卓越汽车应用型人才培养专用教材

汽车发动机电控技术实训项目作业书

组编 华汽教育 **主编** 夏令伟 **副主编** 王胜年 陈 涛 **编写** 殷武杰 赵海峰 **主审** 赵 彬

责任编辑 曹 建 **助理编辑** 陈佳蔚 **责任校对** 徐春莲 **封面设计** 庞 波 **项目执行** 魏寒珍 陈佳蔚

出版发行 同济大学出版社(www.tongjipress.com.cn 地址：上海市四平路1239号 邮编 200092 电话 021-65985622)

经　销 全国各地新华书店

印　刷 常熟市大宏印刷有限公司

开　本 889 mm×1 194 mm 1/16

印　张 8.5

印　数 20801-22300

字　数 272 000

版　次 2010年12月第1版 2017年7月第14次印刷

书　号 ISBN 978-7-5608-4477-0

定　价 19.00元

普 通 高 等 职 业 教 育 规 划 教 材

21世纪卓越汽车应用型人才培养专用教材

编审委员会

序

汽车产业是我国最重要的支柱产业之一，对国民经济的发展起着重要的作用。经过几代人的共同努力，20世纪90年代初我国的汽车产业进入了前所未有的全面快速发展阶段。2009年国内汽车产业实现了历史性跨越，以年产、销量均超1 000余万辆而居全球之首。

我们国家虽已成为汽车大国，但还远不是汽车强国。我们还没有大型国际化汽车公司，没有世界知名的自主汽车品牌，没有完全掌握汽车工业的核心技术，对国外汽车市场的开拓尚处于起步阶段。显然，要成为汽车强国，任重而道远。

汽车产业具有人才密集、资金密集、技术密集、装备集约化和生产规模化的特点。在这些产业要素中，专业人才具有极为重要的地位。无论是在汽车的研发、制造等汽车产业链的前端，还是在汽车的销售、应用、维修乃至报废处理等汽车产业链的后端，都需要大批具备基本理论知识、掌握现代汽车核心技术、具有熟练操作技能的工程技术人员和技术工人。

就汽车后市场而言，随着我国汽车产业的加速发展、汽车技术的不断进步、汽车社会保有量的持续增加，从事汽车技术服务与营销、汽车检测与维修的从业人员已日益增多，对高质量、高技能人才的需求仍将不断扩大，各类训练有素的高技能人才的短缺是不争的事实，这已引起全国上下的广泛关注。

开展多层次、多种形式的职业教育，加强从业人员的职前和职后培训，是解决汽车专业人才紧缺的有效途径。为此，许多高等职业院校增设了汽车专业，与汽车技术普及和提高相关的各类培训机构和技能鉴定机构亦大量涌现，职业教育呈现出良好的发展势头。然而，由于传统教学体制和教学理念的局限性，高等职业院校的专业建设水准与汽车产业发展的实际需要还有很大差距；各类培训机构也同样面临提高培训质量的问题。诚如教育部“教高[2006]16号文件《关于全面提高高等职业教育教学质量的若干意见》”中所指出的，“随着我国走新型工业化道路、建设社会主义新农村和创新型国家对高技能人才要求的不断提高，高等职业教育既面临着极好的发展机遇，也面临着严峻的挑战”。显然，提高教育质量和技能培训质量是当前高等职业教育面临的最大挑战。

教材建设是高等职业院校专业建设的基石，是人才培养计划得以成功的必要条件，是提高高等职业教育质量的重要保障。为认真贯彻党的十七大会议精神和《国务院关于大力推进职业教育改革与发展的决定》，根据教育部大力推动技能型紧缺人才培养培训工程的指导思想，同济大学出版社联合上海中锐教育集团旗下的华汽教育、无锡南洋职业技术学院以及与中锐教育集团合作开办汽车相关专业的全国15所高等职业院校，在总结近几年教学经验的基础上，组织编撰了“普通高等职业教育规划教材·21世纪卓越汽车应用型人才培养专用教材”丛书。

为了做好教材的组编工作，编撰人员深入探讨了国内高等职业院校的特点和教学规律，对德国、美国、日本等发达国家的汽车职业教育进行了多次考察，同时结合中锐教育集团为汽车生产厂商开发企业内部培训课程的经验，力求在“因材施教、学以致用”上有所突破；力求在“淡化学科分类、突出综合应用”

上有所突破；力求在高等职业院校教材的内容、体例、风格上有所突破。

本丛书是为培养高素质、高技能紧缺人才而编写的，为此组建了以高等院校、高等职业技术学院、汽车工程学术组织、汽车技术研究机构、汽车生产企业、汽车经销服务企业、汽车维修行业协会、汽车流通行业协会以及汽车职业技能培训机构等各方人士相结合的教材编审委员会，以保证教材质量，促进我国高等职业教育事业的发展，造福于莘莘学子。

真诚地希望本丛书的出版能对我国的职业教育和技能培训有所裨益，热切期待广大读者提出宝贵意见和建议，使教材更臻完善。

李理光

2010 年 7 月

前 言

加强实训是高等职业院校提高教学质量的重点教学内容。《汽车发动机电控技术实训项目作业书》是“汽车发动机电控技术”课程的配套实训教材，在内容安排上本着近期“必需够用”和将来“迁移可用”的原则，以培养学生的职业素养和职业岗位能力为编写目标，并努力使学生通过实训教学获得就业的技能和创业的本领。

本书的特色及主要内容说明如下：

1. 本书结合高等职业教育的特点，在对汽车企业广泛调研的基础上，结合目前汽车维修市场的实际状况，根据汽车维修企业对汽车维修人员的岗位能力要求，按照模块化教学方法的要求进行了知识和技能的整合，突出技能培训。

2. 本书将传统的实训指导书、实训报告和当前流行的工作页整合在一起，将各优点集合在一起，实用简练，具有很强的可操作性，可作为教师的实训指导、课前实训设备与材料的准备；可以供学生实训课前的自学与预习、实训操作的辅导、实训操作过程的记录和实训后的复习与思考，巩固实训效果。

3. 本书突出基本理论知识对实训操作的指导，规范学生操作，培养学生自主学习的能力并掌握工作业务的研究方法。不仅具有工作页的基本特点，而且具有培养高职学生全局观念和综合分析能力的作用。

4. 我国汽车维修企业类型有汽车制造厂的售后4S服务站、综合修理厂和快修店等，本书中的拆装操作方法与步骤基本参照原厂维修资料，同时考虑到综合修理厂难以购置到个别专用拆装工具，所以个别拆装方法和工具的选用兼顾参照综合修理厂的维修方法。

5. 本书包含8个实训：电控发动机总体结构认识、传感器的结构认识和检测、燃油供给系统检修、进气控制系统检修、点火系统检修、废气排放控制系统检修、汽油发动机电控系统故障诊断、电控柴油机燃油系统检测与故障诊断。

本实训项目作业书不仅可以作为在校学生学习“汽车发动机电控技术”实践操作技能的教材，也可以作为汽车从业人员业务培训和汽车维修职业技能资格考核的教材。

本实训项目作业书由华汽教育特聘专家夏令伟担任主编，华汽教育双师型教师王胜年及华汽教育特聘专家陈涛担任副主编，无锡南洋职业技术学院教师殷武杰、赵海峰参加编写。无锡南洋职业技术学院赵彬担任本书的主审，无锡华方教学设备有限公司车间主任王昕给予了大力支持，在此表示衷心的感谢！

由于水平有限，不足之处在所难免，恳请读者提出宝贵意见。

编 者

2010年11月

目　录

实训一　电控发动机总体结构认识

姓名：__________　　班级：__________　　日期：__________

一、实训指导

(一) 实训目标

1. 了解电控汽油发动机的总体结构及工作原理；
2. 认识电控燃油喷射系统的组成；
3. 能识别各种主要传感器、执行器，熟悉各部件的安装位置。

(二) 安全要求及注意事项

1. 实训汽车停在实训工位上，没有经过老师批准不准起动。经老师批准起动，首先应先检查车轮的安全顶块是否放好，汽车手制动是否拉好，排挡杆是否放在P挡(A/T)或空挡(M/T)，车前没有人；
2. 发动机运行时不能把手伸入发动机室，防止造成意外事故；
3. 没有经过老师批准不允许随意连接或拔下电控元器件；
4. 点火开关接通时，不允许连接或拔下电控系统元器件的接插件；
5. 蓄电池的极性不能接反，否则将烧毁ECU与电子元器件；
6. 禁止使用起动电源辅助起动发动机，防止损坏电控系统元件。

(三) 设备/工具/耗材要求

设备：桑塔纳电喷车一辆，或电喷发动机台架一台，或其他电喷车一辆。

工具：无。

耗材：无。

(四) 实训操作指导

1. 认识桑塔纳电喷发动机电控系统的组成

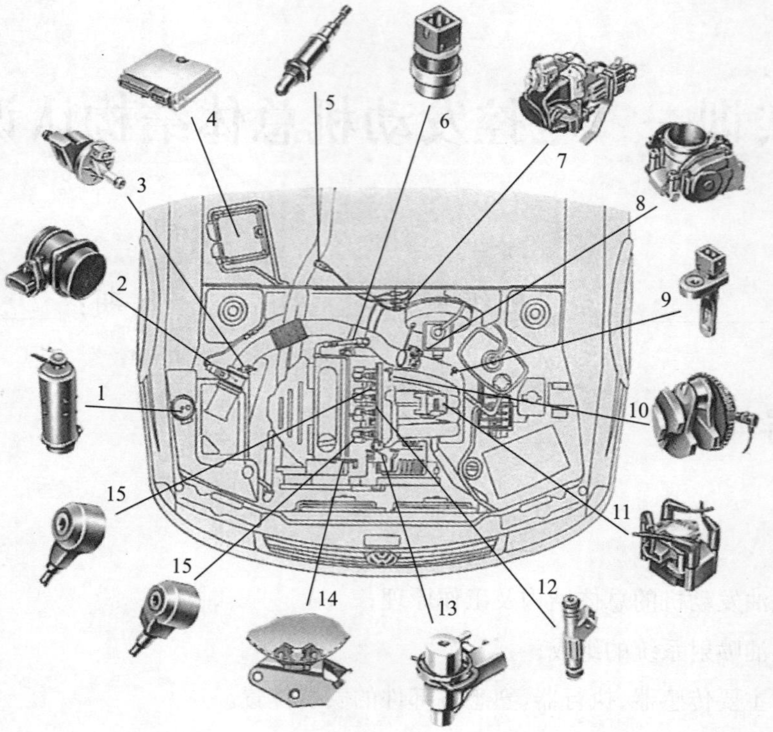

1—活性炭罐；2—热膜式空气流量传感器；3—活性炭罐电磁阀；4—ECU；5—氧传感器；6—冷却液温度传感器；7—传感器的插接头；8—节气门控制组件；9—进气温度传感器；10—转速传感器；11—点火线圈；12—喷油器；13—燃油压力调节器；14—霍尔传感器；15—爆震传感器

2. 认识发动机电控系统各元器件及安装位置

序号	元件名称	位　　置	失效影响
1	空气流量传感器 （空气流量计）		车辆动力不足、怠速不稳定、排气管冒黑烟等故障
2	曲轴位置传感器		车辆不能正常点火，从而使车辆无法起动

（续表）

序号	元件名称	位　　置	失效影响
3	凸轮轴位置传感器		车辆起动困难、怠速时有抖动、急加速无力等故障
4	节气门位置传感器	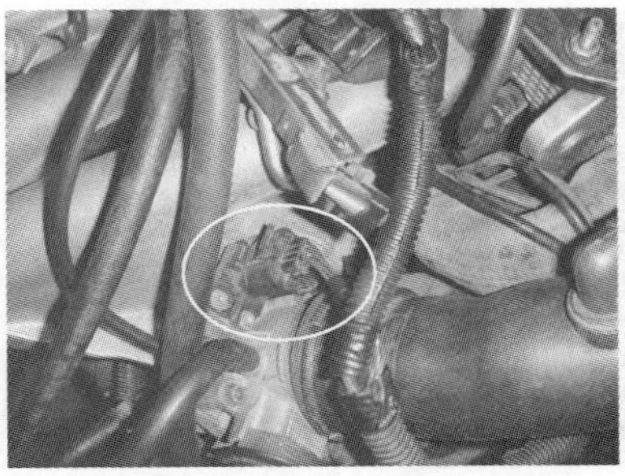	怠速不良、加速不良、油耗大、自动变速器换挡滞后，不升挡等故障
5	进气歧管压力传感器	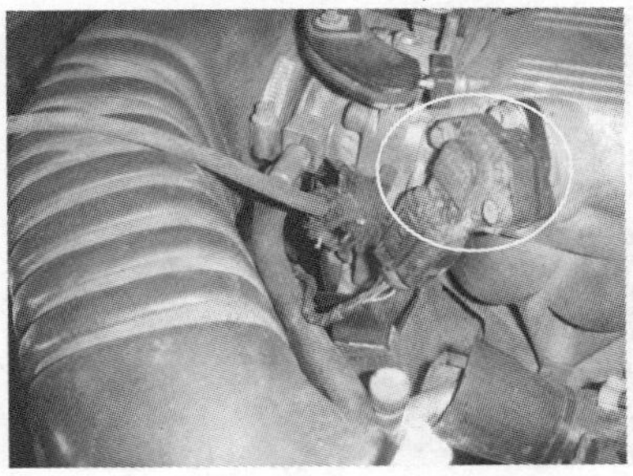	车辆动力不足、怠速不稳定、排气管冒黑烟等故障
6	冷却液温度传感器		ECU根据错误信号修正喷油量，造成空燃比不正确，导致冷车难起动、怠速高、油耗大等故障
7	进气温度传感器	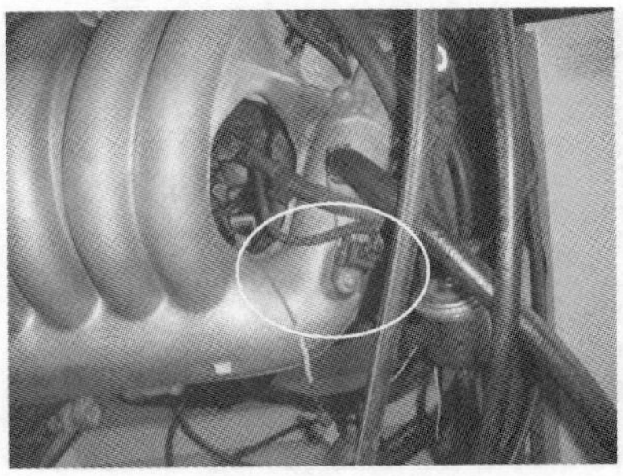	热机状态起动困难和排气温度升高

(续表)

序号	元件名称	位　置	失效影响
8	爆震传感器		可能导致点火正时太早，产生爆震，也可能导致点火正时太迟，加速不良，动力不足
9	氧传感器	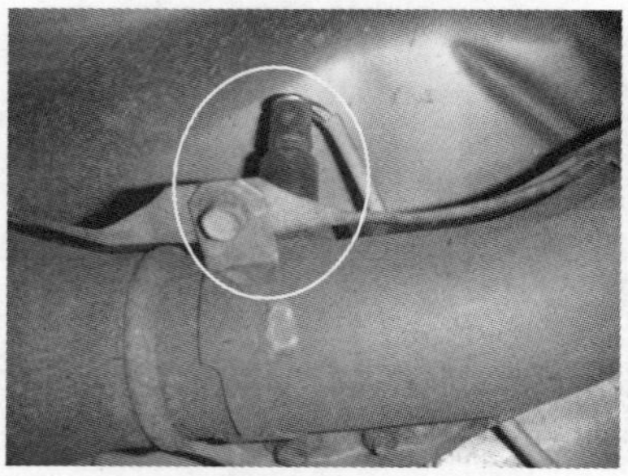	氧传感器不能把真实的混合气浓度信号传给发动机控制单元，造成喷油量不准确，造成怠速不稳，排气管冒黑烟、油耗高以及加速时矬车等故障
10	喷油器		造成发动机某缸不工作或工作不良。另外，各缸喷油器喷油量相差太大，也会造成整个发动机工作不稳等故障
11	燃油泵	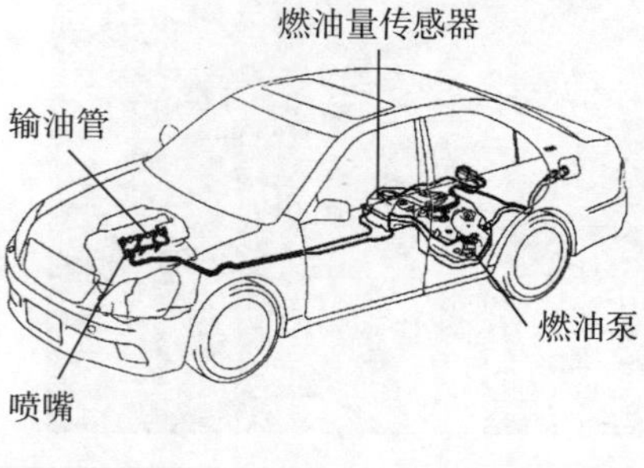	不能提供发动机所需的燃油，导致发动机不能起动，供油量不足造成动力不足，易熄火
12	三元催化器	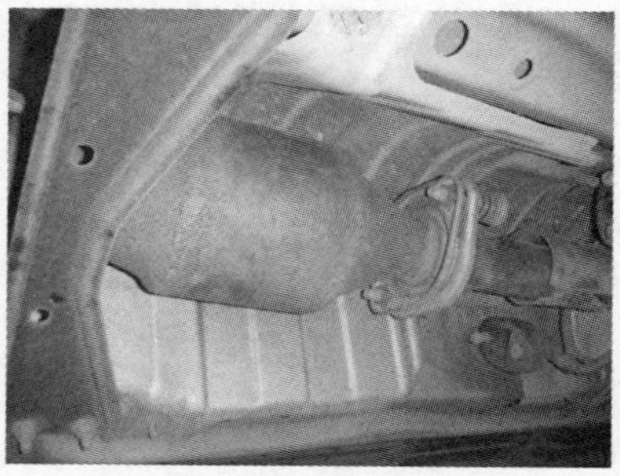	错误信号传递给 ECU，使发动机不能正常工作，三元催化器堵塞，增加了排气阻力，使发动机动力不足，油耗增加

（续表）

序号	元件名称	位　置	失效影响
13	活性炭罐电磁阀	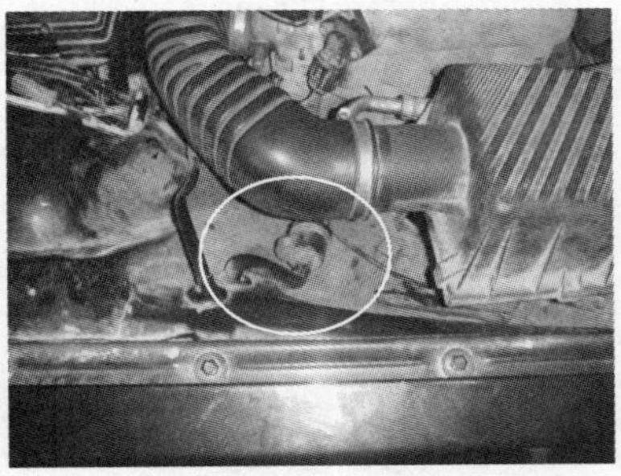	当活性炭罐电磁阀不工作时，怠速时发动机的转速会升高或者有汽油味大的现象

二、工作页

1. 观察仪表板上的发动机警告灯，并填写空格与表格。

（1）点火开关打开，观察仪表板上的发动机警告灯：

起动前发动机警告灯：有　无　警告灯图形：________

起动后发动机警告灯：亮　不亮

发动机控制系统是否正常：正常　不正常

（2）观察发动机怠速转速：冷车________(r/min)，热车________(r/min)。

（3）观察仪表板指示灯和仪表的指示情况，填写下表。

仪表灯 / 图符 / 操作	发动机警示灯	水温表（指示灯）	机油压力表（指示灯）	充电指示灯	安全气囊警示灯	ABS警示灯
KEY ON						
起动后						

2. 认知电控发动机的电控系统元件与安装位置。

车型：________________　17位编码：________________

（1）传感器。

序号	元器件名称	安装位置	导线数	作　用
1	曲轴位置及转速传感器			
2	凸轮轴位置传感器			

(续表)

序号	元器件名称	安装位置	导线数	作　用
3	空气流量计			
4	进气歧管绝对压力传感器			
5	发动机冷却液温度传感器			
6	进气温度传感器			
7	节气门位置传感器			
8	爆震传感器			
9	前氧传感器			
10	后氧传感器			

注：如果实车上没有表格上所列的元器件，则不填内容。

(2) ECU、执行器件、零部件。

序号	元器件名称	安装位置	导线数	作　用
1	发动机 ECU			
2	喷油器			
3	油压调节器			
4	燃油泵			
5	点火控制器与点火线圈			
6	节气门控制组件			
7	怠速控制阀			
8	活性炭罐			
9	废气再循环阀			
10	三元催化器			
11	二次空气泵			
12	涡轮增压器			

注：如果实车上没有表格上所列的执行器件、零部件、导线，则不填内容。

三、复习思考题

1. 电控发动机和化油器发动机有何区别?

2. 如何正确起动电控汽油发动机?

3. 元件连接器生锈对电控系统有什么影响?

4. 是否可以用水冲洗发动机室？为什么？

5. 在新型车辆上,其连接器往往装有橡胶密封圈,其作用是什么?

实训二　传感器的结构认识和检测

姓名：____________　班级：____________　日期：____________

实训二(一)　曲轴/凸轮轴位置传感器

一、实训指导

(一) 实训目标

1. 熟悉各传感器的安装位置；
2. 熟悉各传感器接脚的检测方法；
3. 了解电控系统各执行器件失效可能产生的故障现象及排除方法。

(二) 安全要求及注意事项

1. 实训汽车停在实训工位上，没有经过老师批准不准起动，经老师批准起动，首先应先检查车轮的安全顶块是否放好，汽车手制动是否拉好，排挡杆是否放在P挡(A/T)或空挡(M/T)，车前没有人；
2. 发动机运行时不能把手伸入发动机室，防止造成意外事故；
3. 没有经过老师批准不允许随意连接或拔下电控元器件；
4. 点火开关接通时，不允许连接或拔下电控系统元器件的连接器；
5. 禁止使用起动电源辅助起动发动机，防止损坏电控系统元件；
6. 注意各车型线束连接器的锁扣型式，不可盲目用力硬拉；
7. 检测电控系统必须使用高阻抗数字万用表；
8. 正确使用仪器设备，使用万用表时应特别注意选择正确的挡位，万用表不能测量高压侧电压。

(三) 设备/工具/耗材要求

设备：帕萨特乘用车B5 1.8(或帕萨特B4乘用车)一辆或台架一个，或大众时代超人车一辆或台架一个，或其他采用空气流量传感器电控汽油发动机整车一辆或台架一个；桑塔纳GLi整车一辆或台架一个，其他采用压力传感器的整车或台架一辆(个)。

零部件：各种类型的曲轴位置传感器、凸轮轴位置传感器、空气流量传感器、进气歧管绝对压力传感器、节气门位置传感器、发动机冷却液温度传感器、进气温度传感器、氧传感器及爆震传感器若干个。

工具：高阻抗数字万用表一个，常用工具一套，发光二极管试灯，示波器一台，X431解码器(或其他诊断仪)一个，维修资料。

耗材：无。

(四) 实训操作指导

1. 安装位置

曲轴位置传感器一般安装在分电器内，曲轴飞轮旁，曲轴前端。

凸轮轴位置传感器一般安装在分电器内，凸轮轴前端。

2. 结构类型和引线

曲轴位置传感器/凸轮轴位置传感器按结构区分有三种类型：光电式、磁感应式和霍尔效应式。

(1) 光电式一般为四线，分别为＋12 V、搭铁、1°和 180°(4 缸)或 120°(6 缸)信号线。

(2) 磁感应式一般是二线或三线，三线比二线增加一根屏蔽线。

(3) 霍尔效应式是三线，分别是霍尔(＋)，霍尔(－)和霍尔信号。

3. 曲轴位置传感器的检测

(1) 插头与导线认识，下图为典型车型曲轴位置传感器插头。

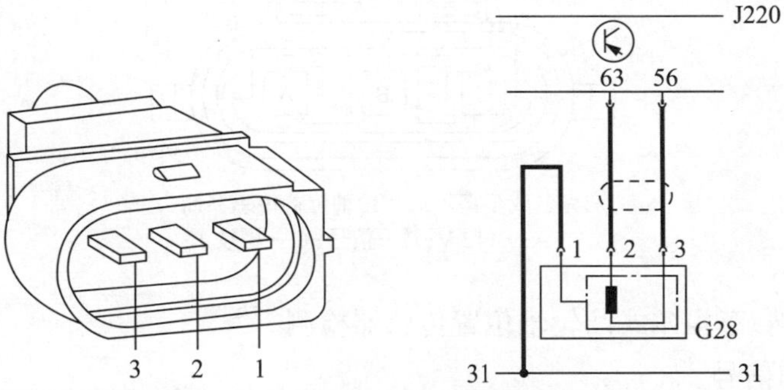

帕萨特 ANQ（桑塔纳 AJR）发动机磁感应式曲轴位置传感器插头及与ECU的连接
（1—屏蔽线；2—信号线负极；3—点火正时/转速信号线）

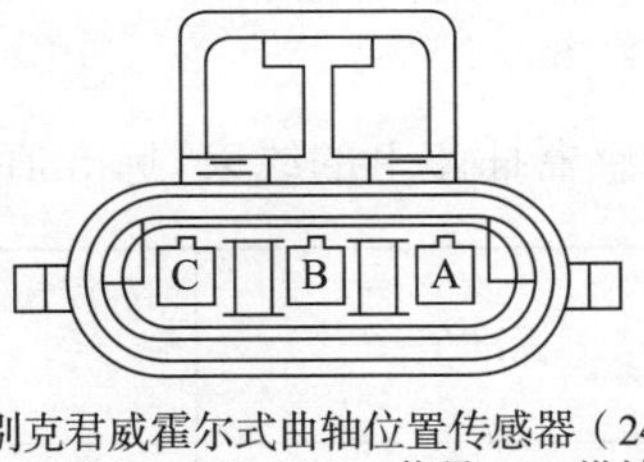

别克君威霍尔式曲轴位置传感器（24X）
（A—+12 V；B—信号；C—搭铁）

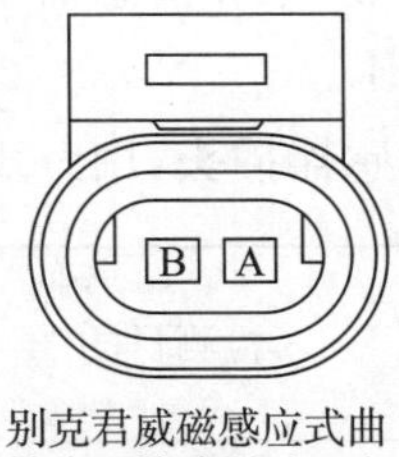

别克君威磁感应式曲轴位置传感器（7X）

(2) 帕萨特 ANQ(桑塔纳 AJR)发动机磁感应式曲轴位置传感器检测。

断开点火开关，拔出传感器插头，检测传感器插座端子，标准值与分析见下表：

检测端子	检测目的	标准值	分　　析
2－3	检测感应线圈	450～1 000 Ω	阻值等于无穷大，断路
2－1	检测是否短路	无穷大	有阻值说明短路
3－1	检测是否短路	无穷大	有阻值说明短路

注：交流信号电压随转速升高而增大。

4. 霍尔式凸轮轴位置传感器的检测

(1) 插头与导线认识,下图为典型车型凸轮轴位置传感器插头。

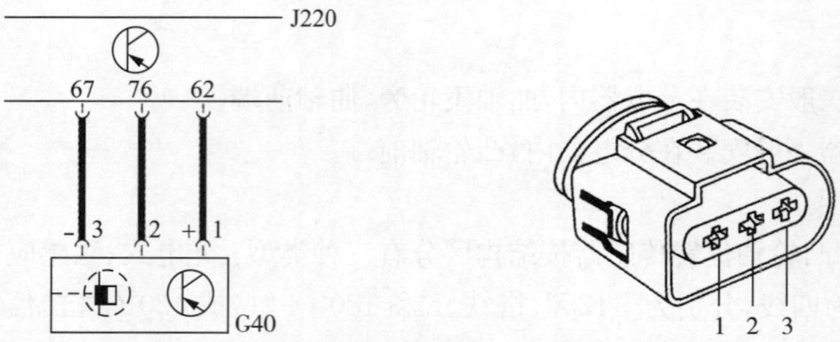

帕萨特（桑塔纳）车霍尔式凸轮轴位置传感器插头及与ECU的连接
（1—电源；2—信号；3—搭铁）

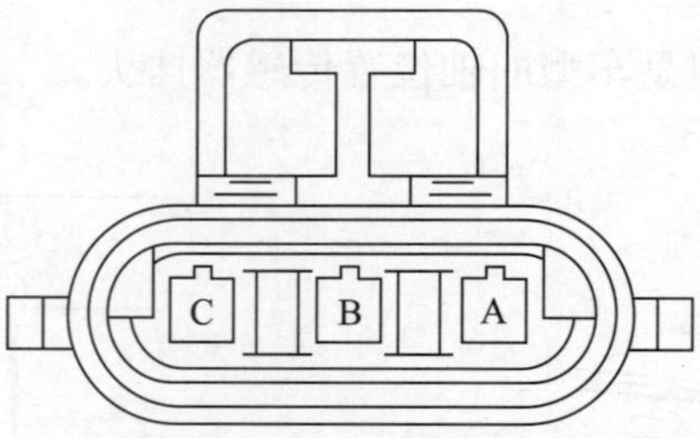

别克君威车霍尔式凸轮轴位置传感器插头
（A— +12 V；B—信号；C—搭铁）

(2) 帕萨特(桑塔纳)车霍尔式凸轮轴位置传感器检测。

① 检测传感器工作信号。

用发光二极管试灯从传感器背面插入端子 2 和 3,起动发动机几秒,发动机每转 2 圈试灯亮一次,如不亮,检查传感器工作电源、线束和传感器本身。

② 检测传感器电源电压。

断开点火开关,拔出传感器插头,用万用表检测传感器插座上的线束,标准值与分析见下表:

检测端子	检测目的	标准值	分　析
接通点火开关, (+)→1 (−)→3	检测传感器工作电源电压	5 V	电压等于零,说明可能线束短路、断路、ECU 本身或供电电源有故障

5. 曲轴/凸轮轴位置传感器信号波形的检测(选做)

(1) 曲轴/凸轮轴位置传感器信号波形的检测。

将示波器二根测试探针分别接到曲轴位置传感器的信号线和搭铁上,打开并调整示波器,起动发动机,观察传感器波形变化情况。

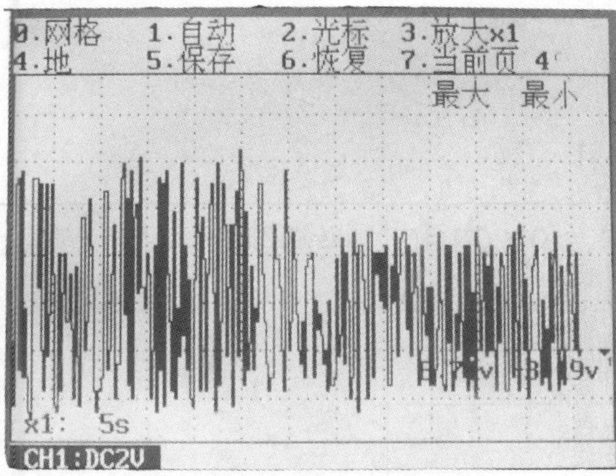

发动机怠速运行时波形

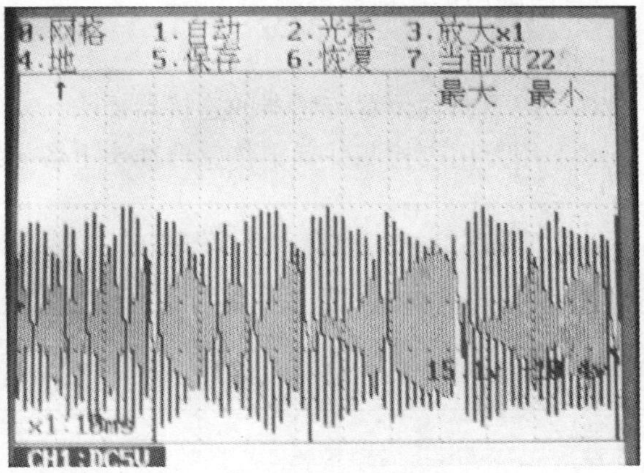

发动机加速运行时波形

(2) 凸轮轴位置传感器信号波形检测。

将示波器测试探针接到凸轮轴位置传感器信号线和搭铁上，打开并调整示波器，起动发动机，观察传感器波形变化情况。帕萨特 B5ANQ 凸轮轴位置传感器的信号波形为一周期 4 个信号。

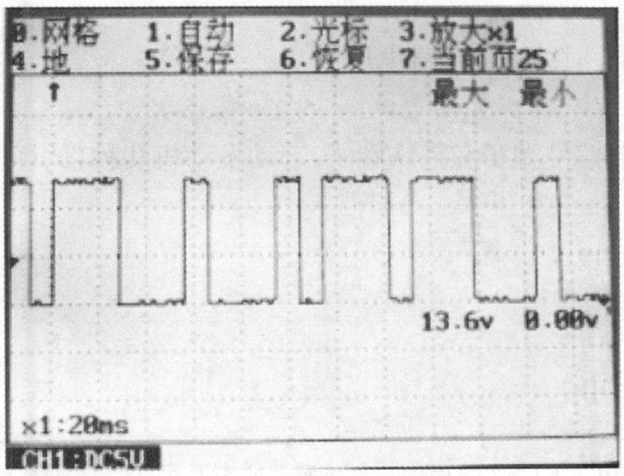

发动机怠速运行时波形

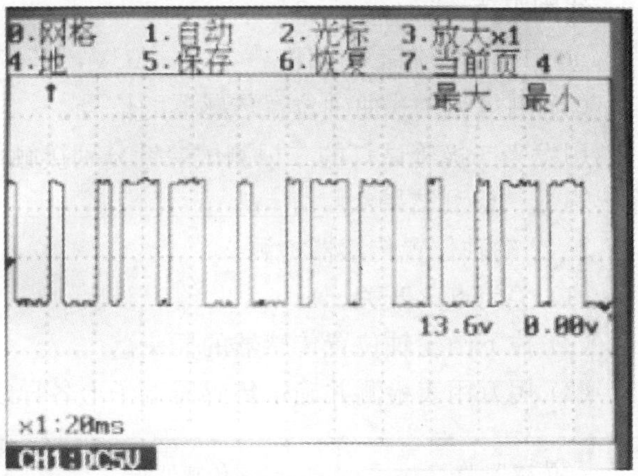

发动机加速运行时波形

二、工作页

车型：________________________

1. 依据维修手册或教师指定的范围寻找实车上的曲轴/凸轮轴位置传感器，并填入下表：

传感器名称	安装位置	导线数量	结构类型
曲轴位置 传感器			
凸轮轴位置 传感器			

2. 曲轴位置传感器检测。

(1) 关闭点火开关。

(2) 拔下曲轴位置传感器的连接器插头。

(3) 用万用表检测并确定传感器插头上各导线的作用。

传感器端子编号	传感器端导线颜色	导线作用与 KEY ON 时的技术参数	传感器插头形状与端子编号

(4) 测量磁感应式曲轴位置传感器的线圈阻值与信号电压。

线圈阻值：________ Ω。

怠速时的交流信号电压________ ACV，1 500 r/min 时的交流信号电压________ ACV。

(5) 测量霍尔式曲轴位置传感器的信号。

用发光二极管试灯的二根测试探针分别接触传感器信号端子和搭铁端子，起动发动机几秒，试灯应连续闪烁。检测结果：________________________________。

3. 凸轮轴位置传感器检测。

(1) 关闭点火开关。

(2) 拔下凸轮轴位置传感器的插头。

(3) 用万用表检测并确定传感器端子上各导线的作用。

传感器端子编号	传感器端导线颜色	导线作用与 KEY ON 时的技术参数	传感器插头形状与端子编号

(4) 测量磁感应式凸轮轴位置传感器的线圈阻值与信号电压(选做)。

线圈阻值：________ Ω。

怠速时的交流信号电压________ ACV，1 500 r/min 时的交流信号电压________ ACV。

(5) 测量霍尔式凸轮轴位置传感器的信号。

用发光二极管试灯的二根测试探针分别接触传感器信号端子和搭铁端子，起动发动机几秒，试灯应连续闪烁。检测结果：________________________。

4. 检测并绘制曲轴位置传感器信号波形(选做)。

将示波器测试探针连接到曲轴位置传感器信号线端子上，打开并调整示波器，起动发动机，观察并画出传感器波形变化情况。

发动机怠速运行时波形	发动机加速运行时波形

5. 检测并绘制凸轮轴位置传感器信号波形(选做)

将示波器测试探针连接到凸轮轴传感器信号端子上，打开并调整示波器，起动发动机，观察传感器波形变化情况。

发动机怠速运行时波形	发动机加速运行时波形

三、复习思考题

1. 如果故障诊断仪显示故障码“曲轴位置传感器信号短路/断路”，如何检测判断故障部位？

2. 如果故障诊断仪显示故障码“凸轮轴位置传感器信号短路/断路”，如何检测判断故障部位？

3. 如何分析曲轴/凸轮轴位置传感器的信号波形？

4. 曲轴/凸轮轴位置传感器损坏对车辆有什么影响？

实训二(二)　空气流量传感器

一、实训指导

(一) 实训目标

同实训二(一)。

(二) 安全要求及注意事项

同实训二(一)。

(三) 设备/工具/耗材要求

同实训二(一)。

(四) 实训操作指导

1. 安装位置

空气流量传感器(空气流量计)一般安装在进气软管上。

2. 结构类型和信号

目前使用最多的空气流量传感器有热线式和热膜式两种。

大众车系一般采用热膜式空气流量传感器,输出模拟电压信号。通用别克车系采用热线式空气流量传感器,输出模拟信号后通过空气流量传感器内的 A/D 转换器转换输出频率信号。

3. 帕萨特 ANQ(桑塔纳 AJR)发动机热膜式空气流量传感器的检测

(1) 插头与导线认识,下图为典型车型空气流量传感器插头。

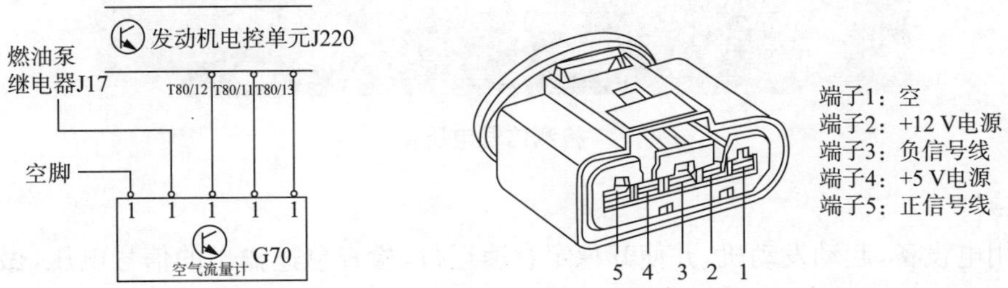

帕萨特 ANQ(桑塔纳 AJR)发动机热膜式空气流量传感器电路与插头

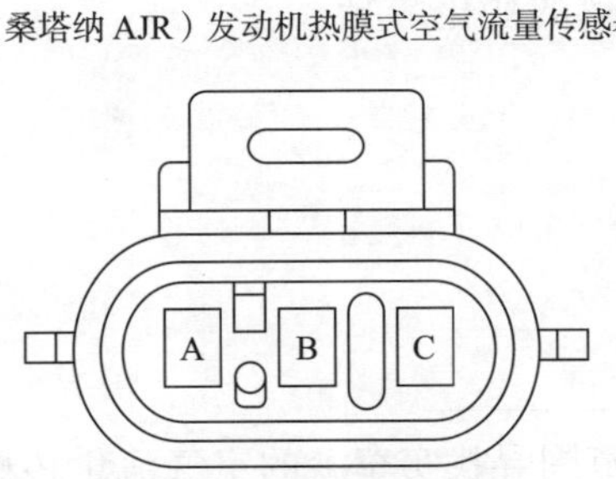

别克君威车空气流量传感器插头

（2）检测。

① 检测供电电压。

断开点火开关，拔出传感器插头。起动发动机，将万用表拨到直流电压 DC×20 V 档，测量传感器端子 2 与搭铁之间的电压，标准值与分析见下表：

检测端子	检测目的	标准值	分　析
端子 2 与搭铁	检测 12 V 供电电压	12 V	电压为 0，可能熔断丝至传感器端子 2 之间线路，或燃油泵继电器有故障
端子 4 与搭铁	检测 5 V 工作电压	5 V	电压为 0，ECU 或线路断路

② 检测信号电压。

起动发动机，用万用表和发动机诊断仪检测空气流量传感器输出的信号电压、数值。

检测端子	检测工具	标准值	分　析
端子 5 信号（＋） 端子 3 信号（－）	万用表	1.4～4.0 V 之间变化	不变化或变化量不正确，可能传感器、空气滤清器堵塞、进气管漏气、发动机真空度低、三元催化器堵等故障
	发动机诊断仪	怠速时 2.0～5.0 g/s 随着转速升高，信号电压增大	

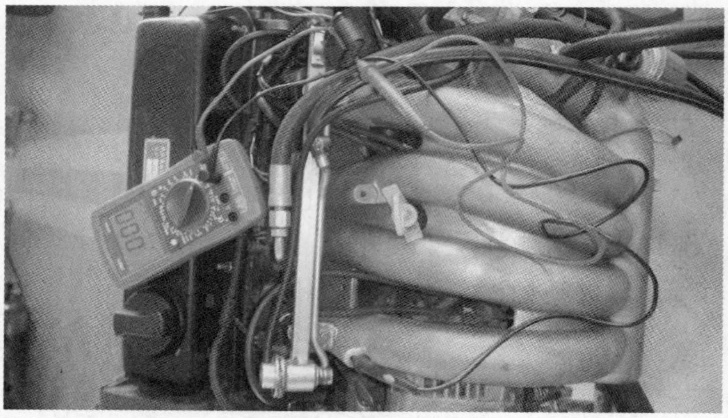

检测信号电压

③ 波形检测。

关闭所有用电设备，起动发动机，并使其稳定怠速运行，检查怠速输出的信号电压，做加速和减速试验，观察空气流量传感器信号电压波形的变化情况。

二、工作页

车型：________________________

1. 依据维修手册或教师指定的范围寻找实车上的空气流量传感器，所用实训车辆的空气流量传感器位置为______________________________。

2. 实训中检测的空气流量传感器的结构类型为________________________。

3. 拆卸空气流量传感器(选做)。

(1) ________________。

(2) 拔下空气流量传感器的插头。

(3) 拆下空气滤清器座的________________。

(4) 卸下固定在________________盖上的螺栓。

(5) 取出空气流量传感器(注意不损坏传感器)。

4. 观察空气流量传感器插头的导线颜色。

接线端	作　　用	导线颜色	空气流量传感器插头
1			
2			
3			
4			
5			

5. 空气流量传感器的检修。

(1) 供电电压的检测。

检测端子	点火钥匙转到 ON 档	
	标准值	实际值
端子 2 与搭铁	不低于 11.5 V	
端子 4 与搭铁	5 V	
结　论		

(2) 线束导通性检查。

分别检测空气流量传感器上的端子 2、3、4、5 与发动机 ECU 上相应端子之间的电阻,其阻值应不大于 0.5 Ω。如阻值为无穷大,则说明导线断路,需要修理或者更换。

空气流量传感器端子	2	3	4	5
ECU 端子号				
两端子之间电阻实测值				

（3）信号电压的测量。

测量传感器 5 号端子与 3 号端子之间的信号电压值。

发动机状态	数　据	
	标准值	实际值
点火开关 ON		
怠速运转		
加速到 2 500 r/min		
结　论		

（4）传感器数据流的检测。

将诊断仪连接到车辆诊断座上，起动发动机，按照检测仪上的操作指示，进入发动机系统，读取空气流量传感器的数据。

发动机状态	怠速	慢加速	急加速
标准值	2～5 g/s	14 g/s*	40 g/s*
实际值			
结　论			

注：*值依据踩加速踏板的速度与其他因素而有所不同。

三、复习思考题

1. 简述热膜式空气流量传感器的检测方法。

2. 怠速时空气流量传感器信号为 6 g/s,该传感器是否良好？为什么？

3. 热膜式空气流量传感器信号偏低的原因有哪些？

4. 空气流量传感器发生故障时,车辆会出现哪些故障现象？

实训二(三) 进气歧管绝对压力传感器

一、实训指导

(一) 实训目标

同实训二(一)。

(二) 安全要求及注意事项

同实训二(一)。

(三) 设备/工具/耗材要求

同实训二(一)。

(四) 实训操作指导

1. 安装位置

进气歧管绝对压力传感器(简称进气压力传感器)直接安装在进气歧管上,或进气压力传感器的真空管安装在进气歧管上。

2. 结构类型和信号

进气压力传感器目前使用最多的是半导体压敏电阻式。其信号是直流电压信号,为模拟信号。

3. 插头与导线认识

下图为典型车型进气压力传感器插头:

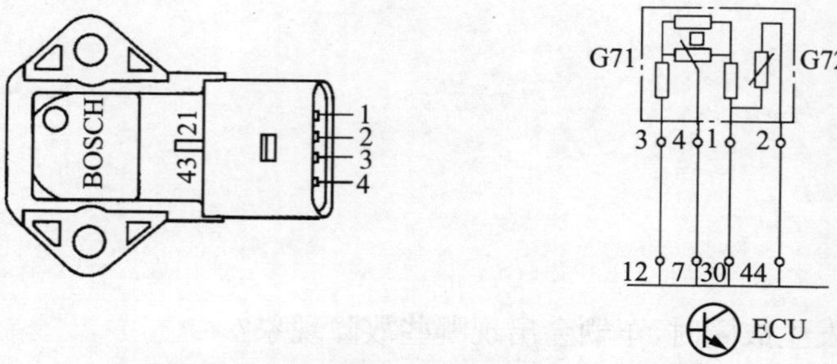

桑塔纳GLi车进气压力传感器与ECU的连接电路

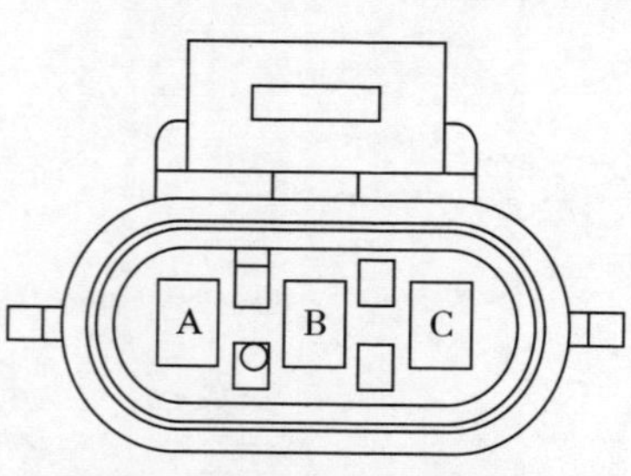

别克君威车进气压力传感器插头

桑塔纳 2000GLi 发动机的进气压力传感器与进气温度传感器合为一体。端子 1 通过 ECU 接地，端子 2 为进气温度信号，端子 3 是 ECU 提供传感器的工作电压，端子 4 是进气压力传感器的信号。

4. 桑塔纳 2000GLi 发动机进气压力传感器的检测

(1) 线束导通性的检测。

关闭点火开关，拔下 ECU 线束插头和进气压力传感器线束插头。用万用表检查 ECU 和传感器有关端子间的电阻，其电阻应符合规定值。如果电阻过大或为无穷大，则说明线束与插头接触不良或有断路，应进行检修。

(2) 供电电压的检测。

用万用表直流电压档检查电压，打开点火开关，检查进气压力传感器插头端子 3 与 1 之间电源电压，标准值应为 5 V 左右。

(3) 信号电压的检测。

检查进气压力传感器信号输出端子 4 与搭铁端子 1 间电压，打开点火开关，发动机不运转时，应为 3.8～4.2 V；发动机怠速运转时，应为 0.8～1.3 V，加大节气门开度，信号随节气门开度增加而加大。

二、工作页

车型：______________________________

1. 依据维修手册或教师指定的范围寻找实车上的进气压力传感器，所用实训车辆的进气压力传感器的位置为________________________________。

2. 本次实训中检测的进气压力传感器的结构类型为________________。

3. 观察进气压力传感器插头的导线颜色，并填入下表。

接线端	作　用	导线颜色
1		
2		
3		
4		

4. 进气压力传感器的检修。

(1) 线束导通性的检测。

用万用表检查 ECU 和传感器有关端子间电阻，其电阻应符合规定值。如果电阻过大或为无穷大，则说明线束与端子接触不良或有断路，应进行检修。

检测项目	检测部位	标准值/Ω	检测值
传感器参考电源线	ECU 的 12 端子至传感器的 3 端子	<0.5	
传感器信号线	ECU 的 7 端子至传感器的 3 端子	<0.5	
传感器搭铁线	ECU 的 30 端子至传感器的 3 端子	<0.5	
温度传感器信号线	ECU 的 44 端子至传感器的 3 端子	<0.5	
结　论			

(2) 供电电压的检测。

用万用表直流电压档检查进气压力传感器的电源电压，标准值应为 5 V 左右。

检测结果：＿＿＿＿＿＿＿＿＿＿＿＿＿＿＿＿＿。

(3) 信号电压的检测。

用万用表直流电压档检查进气压力传感器的信号电压。

发动机状态	发动机不运转	发动机怠速运转
标准值	3.8～4.2 V	0.8～1.3 V
检测值		
结　论		

加大油门，信号电压如何变化：＿＿＿＿＿＿＿＿＿＿＿＿＿＿＿＿＿＿＿＿＿＿＿＿。

三、复习思考题

1. 如何检测进气压力传感器？

2. 怠速时进气压力传感器信号为 1.8 V，该进气压力传感器是否良好？为什么？

3. 怠速时进气压力传感器信号为 4.5 V，故障原因有哪些？

实训二(四) 节气门位置传感器

一、实训指导

(一) 实训目标

同实训二(一)。

(二) 安全要求及注意事项

同实训二(一)。

(三) 设备/工具/耗材要求

同实训二(一)。

(四) 实训操作指导

1. 安装位置

节气门位置传感器安装在节气门体旁,如果发动机电控系统采用节气门控制组件或电子节气门,则节气门位置传感器安装在节气门控制组件或电子节气门组件内,节气门控制组件或电子节气门组件安装在节气门体旁。

2. 结构类型和信号

节气门位置传感器内部采用可变电阻,其信号是直流电压信号,属模拟信号。

3. 插头与导线认识

(1) 三线、四线的节气门位置传感器。

导线数	三　线	四　线
各导线作用	5 V电源、信号、搭铁	5 V电源、信号、搭铁、怠速开关信号
信号电压	怠速0.5 V 节气门全开4.5 V	怠速时:信号电压0.5 V,怠速开关闭合, 节气门全开时:4.5 V
使用车种	采用通用车等非节气门组件或电子节气门控制组件的通用车等	丰田车

(续表)

接插件	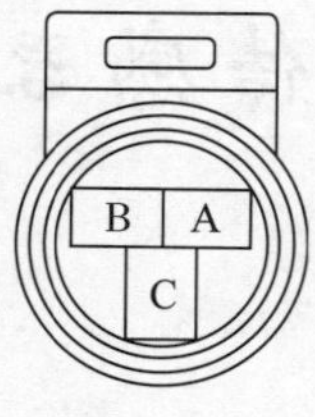 别克君威车 A 端子：+5 V 电源； B 端子：搭铁； C 端子：信号	 其他车系 A 端子：+5 V 电源或搭铁； B 端子：信号； C 端子：搭铁或+5 V 电源	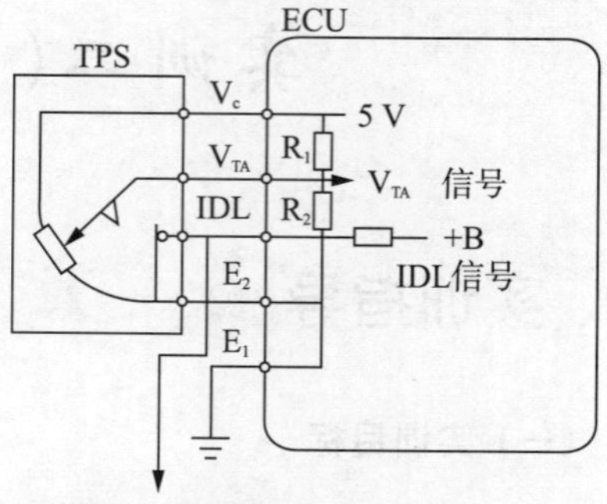

(2) 节气门控制组件内的节气门位置传感器。

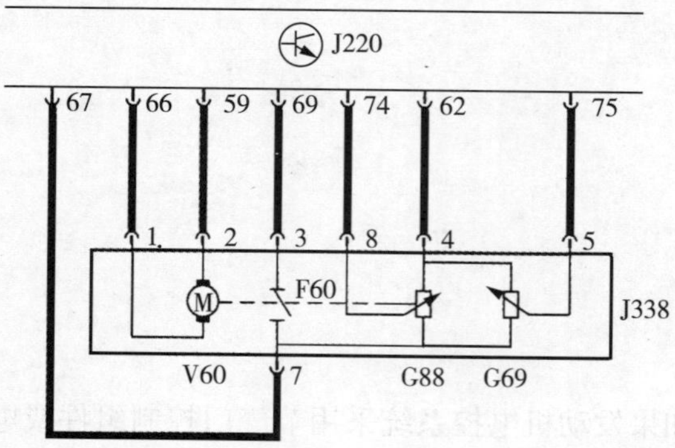

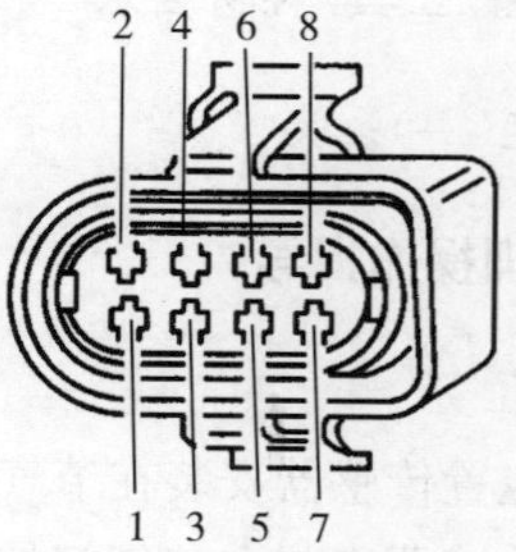

帕萨特 ANQ(桑塔纳 AJR)节气门控制组件电路图与插头

4. 三线节气门位置传感器的检测

(1) 万用表检测。

三线节气门位置传感器的插头，一般两边是+5 V 电源线和搭铁，中间是信号线。

① 判断各端子的作用。

将点火开关断开，拔出节气门位置传感器的插头。接通点火开关，万用表置 20DCV 档，黑色探针触发动机机体搭铁，红色探针分别触节气门位置传感器插头的 A 和 C 端子。如万用表显示 0 V，则该端子为搭铁端，如显示+5 V，则该端子为工作电源端。节气门位置传感器插头的中间 B 端子是信号端。

② 检测信号电压。

点火开关断开，插上节气门位置传感器的插头。将二根探针分别从插头后端插入 B 端子和搭铁端子(也可以一根探针从插头后端插入 B 端子，另一根探针在发动机机体搭铁)，接通点火开关，读取信号电压值应为 0.5 V，缓慢打开节气门，信号电压值逐渐增大，节气门全部打开时，信号电压值应为 4.5 V。

注：实训时应在台架上做，万用表测试探针从面板上的检测孔中检测，不要采用探针方法，防止损坏传感器的导线和插头。

(2) 检测仪检测。

点火开关断开，诊断仪诊断接头插入车上的 16 孔诊断座，起动发动机，检测发动机系统的数据流，观察节气门位置传感器的信号电压值，怠速时应为 0.5～0.6 V(或显示 0%，大众车系显示为 3～4∠ °)，缓慢踩下加速踏板，信号电压值应逐渐增大。

注：发动机运行时，踩下加速踏板不能过多，防止发动机转速过高。

(3) 示波仪检测(选做)。

将示波器连接到传感器信号端子上,打开并调整示波器,起动发动机,观察传感器波形变化情况。

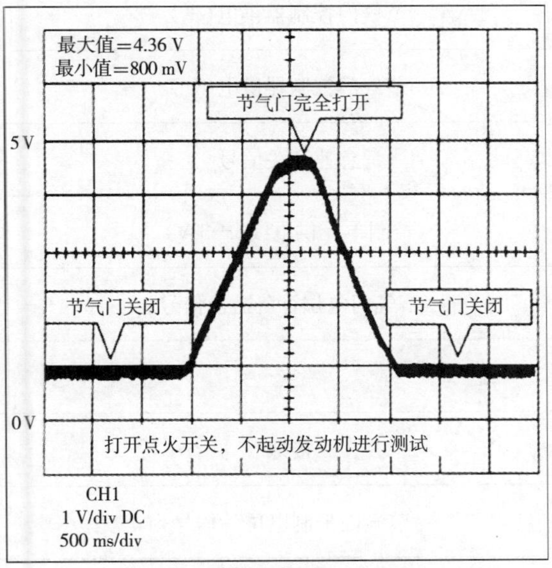

节气门位置传感器正常信号波形

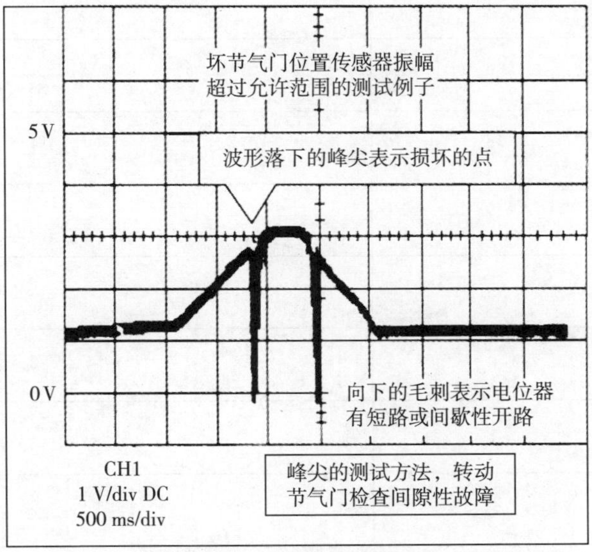

节气门位置传感器典型故障波形

5. 节气门控制组件的检测

用诊断仪可以检测节气门控制组件内的节气门位置传感器(节气门电位计)信号,以大众桑塔纳时代超人车为例:

进入发动机系统→读取数据流→098 组,屏幕显示:

节气门电位计信号电压	节气门定位电位计信号电压	工况	匹配状态
4.42 V → 0.5 V 怠速　　全开	怠速部分负荷	怠速 部分负荷	

二、工作页

车型:______________________

1. 依据维修手册或教师指定的范围寻找实训车上的节气门位置传感器。

观察实训车辆 1:

节气门位置传感器位置为____________,结构类型为____________。

观察实训车辆 2:

节气门位置传感器位置为____________,结构类型为____________。

2. 观察帕萨特 ANQ(桑塔纳 AJR)节气门控制组件线束插头的导线颜色,了解其作用(选做)。

接线端	导线颜色	作　用
1		节气门控制器供电(＋)
2		节气门控制器供电(－)
3		怠速开关信号
4		控制单元供电线(＋5 V)
5		节气门电位计(位置)信号
6		空
7		接地
8		节气门控制电位计信号

3. 观察实训车辆的节气门位置传感器(三线/四线)线束插头的导线颜色,分析其作用(选做)。

接线端	导线颜色	作　用
1		
2		
3		
4		

4. 节气门位置传感器的检测。

(1) 三线节气门位置传感器的检测。

① 万用表检测不同转速下的信号电压。

端　子	端子 A	端子 B	端子 C
作　用			
导线颜色			
KEY ON /V			
怠速信号/V			
1 500 r/min 信号/V			

② 诊断仪检测。

用诊断仪检测发动机系统的数据流，观察节气门位置传感器的信号。

KEY ON 时，信号：________________；怠速时，信号：________________；

1 500 r/min 时，信号：________________。

注： 发动机运行时，踩下加速踏板不能过多，防止发动机转速过高。

③ 示波器检测。

将示波器连接到传感器信号端子上，打开并调整示波器，起动发动机，稳定怠速运行，缓慢加速，缓慢减速回到怠速，急加速，急减速，观察传感器波形的变化情况。

节气门位置传感器波形

(2) 节气门控制组件的检测（选做）。

用诊断仪可以检测帕萨特 ANQ（桑塔纳 AJR）车的节气门控制组件内的节气门位置传感器（节气门电位计）信号。

进入发动机系统→读取数据流→098 组，屏幕显示：

第一组	第二组	第三组	第四组

三、复习思考题

1. 如何用电压法和电阻法检测判断三线节气门位置传感器 3 个端子的作用?

2. 节气门位置传感器的怠速信号电压为0.8 V,故障原因有哪些?

3. 如何分析节气门位置传感器的信号波形?

4. 如何用诊断仪检测节气门位置传感器?

5. 节气门位置传感器发生故障时,车辆会出现哪些故障现象?

实训二(五) 温度传感器

一、实训指导

(一) 实训目标

同实训二(一)。

(二) 安全要求及注意事项

同实训二(一)。

(三) 设备/工具/耗材要求

同实训二(一)。

(四) 实训操作指导

1. 安装位置

进气温度传感器安装在空气滤清器壳体上、进气总管上、空气流量传感器内,或进气歧管压力传感器内。

发动机冷却液温度传感器(水温传感器)安装在发动机缸体或缸盖的水套上。

2. 结构类型和信号

进气温度传感器和冷却液传感器的内部结构都是负温度系数的热敏电阻,信号是直流电压信号,为模拟信号。

3. 插头与导线认识

下面为典型车型温度传感器插头。

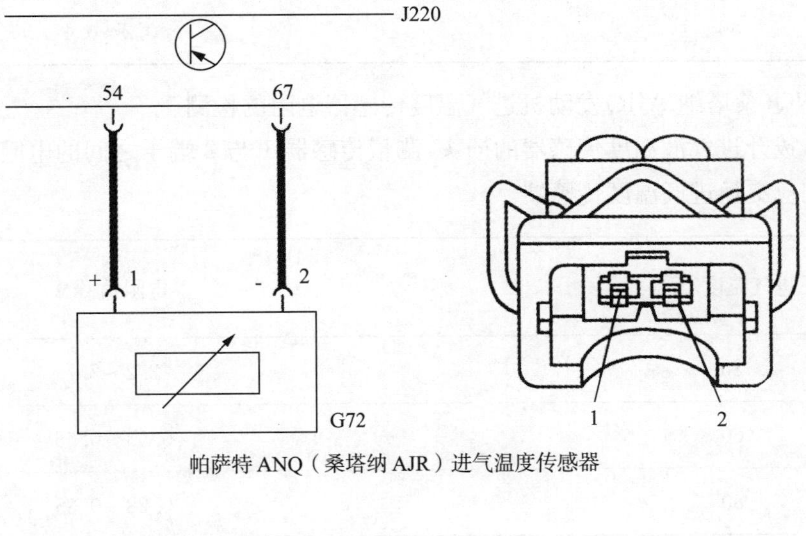

帕萨特ANQ(桑塔纳AJR)进气温度传感器

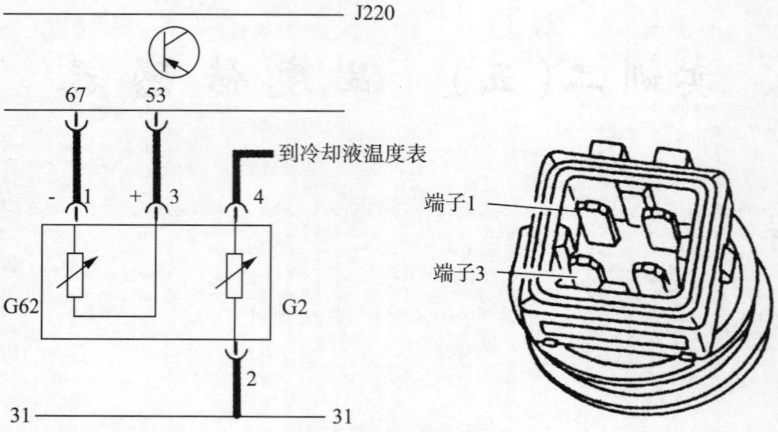

帕萨特 ANQ（桑塔纳 AJR）冷却液传感器

传感器	冷却液温度传感器		进气温度传感器	
接线端子	接线端 3	接线端 4	接线端 1	接线端 2
端子作用	搭铁线	信号线	信号线	搭铁线

4. 帕萨特 ANQ(桑塔纳 AJR)发动机温度传感器的检测

(1) 冷却液温度传感器电阻的检测。

关闭点火开关，拔开冷却液温度传感器的插头，测量传感器 4 与 3 端子之间的电阻值，测量的结果应符合规定值，否则应更换冷却液温度传感器。

冷却液温度/℃	电阻值/kΩ
20	1～2
60	0.4～0.7
80	0.2～0.4

(2) 帕萨特 ANQ(桑塔纳 AJR)发动机进气温度传感器电阻的检测。

关闭点火开关，拔开进气液温度传感器的插头，测量传感器 1 与 2 端子之间的电阻值。测量的结果应符合规定值，否则应更换进气温度传感器。

进气温度/℃	电阻值/kΩ
20	2.2～2.7
60	0.53～0.65
80	0.28～0.35

(3) 冷却液温度传感器输出信号电压的检查。

起动发动机，用万用表直流档测量传感器端子 4 与 3 之间的电压，并观察随发动机冷却液温度的变化两端子之间电压值的变化，其电压值的变化应符合规定，否则应更换传感器。

冷却液温度/℃	电压值/V
20	2.7～2.5
60	1.5～0.7
80	0.5～0.3

(4) 冷却液温度传感器与 ECU 连接线束电阻值检查。

关闭点火开关，拔开冷却液温度传感器的插头，用万用表电阻档测量传感器端子 3 与 ECU 端子 67 之间的电阻和传感器端子 4 与 ECU 端子 53 之间的电阻，线路应导通，若不导通或电阻值大于规定值，说明传感器线束存在断路或连接器接头接触不良，应进一步检查或更换。

被测端子	标准值/Ω
传感器端子 3 与 ECU 端子 67	<1
传感器端子 4 与 ECU 端子 53	<1

(5) 诊断仪检测。

用诊断仪检测发动机系统数据流，屏幕直接显示发动机的冷却温度和进气温度。

二、工作页

车型：________________________

1. 依据维修手册或教师指定的范围寻找实训车上的发动机冷却液温度传感器和进气温度传感器，并填入下表：

传感器名称	安装位置	插头导线数量	结构类型
发动机冷却液温度传感器			
进气温度传感器			

2. 用万用表检测温度传感器。

(1) 关闭点火开关；

(2) 拔开发动机冷却液温度传感器的插头和进气温度传感器的插头；

(3) 用万用表检测发动机冷却液温度传感器端子。

传感器端子编号	传感器端导线颜色	导线作用	断开插头,KEY ON,检测线束端电压/V	KEY OFF,断开插头,检测传感器阻值/kΩ	冷却液温传感器插头形状与端子编号
1					
2					

(4) 用万用表检测进气温度传感器端子。

传感器端子编号	传感器端导线颜色	导线作用	断开插头,KEY ON,检测线束端电压/V	KEY OFF,断开插头,检测传感器阻值/kΩ	进气温传感器插头形状与端子编号
1					
2					

3. 诊断仪检测。

用诊断仪检测发动机系统数据流,观察屏幕显示的发动机冷却液温度和进气温度。

KEY ON 时,发动机冷却液温度:________℃,进气温度________℃,

热车后,发动机冷却液温度:________℃,进气温度________℃。

三、复习思考题

1. 诊断仪显示"冷却液温度传感器信号短路/断路故障",如何检测?

2. 冷却液温度传感器信号一直输出 20℃的信号电压，会产生什么故障现象？

3. 冷却液温度传感器信号一直输出 80℃的信号电压，会产生什么故障现象？

4. 进气温度信号线断路，信号电压是多少？

5. 进气温度信号线断路，会产生什么故障现象？

实训二(六) 氧传感器

一、实训指导

(一) 实训目标

同实训二(一)。

(二) 安全要求及注意事项

同实训二(一)。

(三) 设备/工具/耗材要求

同实训二(一)。

(四) 实训操作指导

1. 安装位置

氧传感器安装在车辆底部排气总管上。三元催化器前端的氧传感器,称为主氧传感器。有的在三元催化器的后端也安装一个氧传感器,称为副氧传感器。

2. 结构类型和信号

氧传感器可分为氧化锆式和氧化钛式两种类型。氧化锆式氧传感器和氧化钛式氧传感器的输出信号在0.1～0.9 V之间变化。

3. 插头与导线认识

以下为典型车型氧传感器插头及电路图。

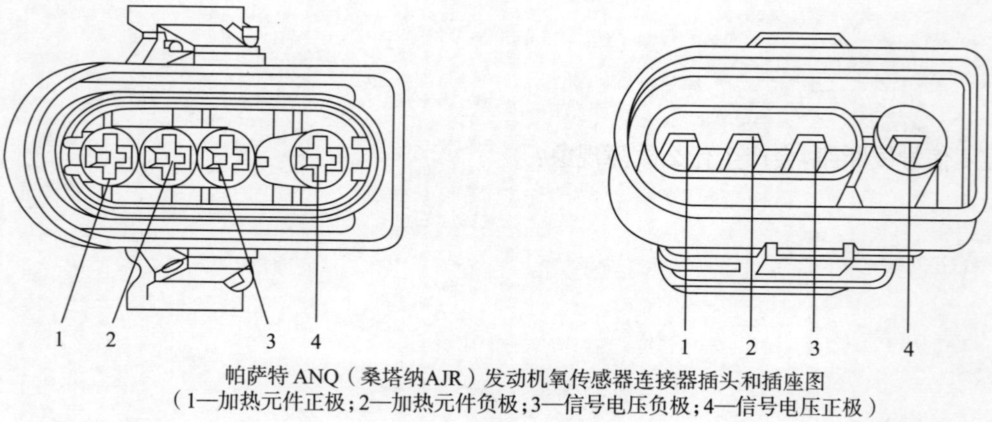

帕萨特ANQ(桑塔纳AJR)发动机氧传感器连接器插头和插座图
(1—加热元件正极;2—加热元件负极;3—信号电压负极;4—信号电压正极)

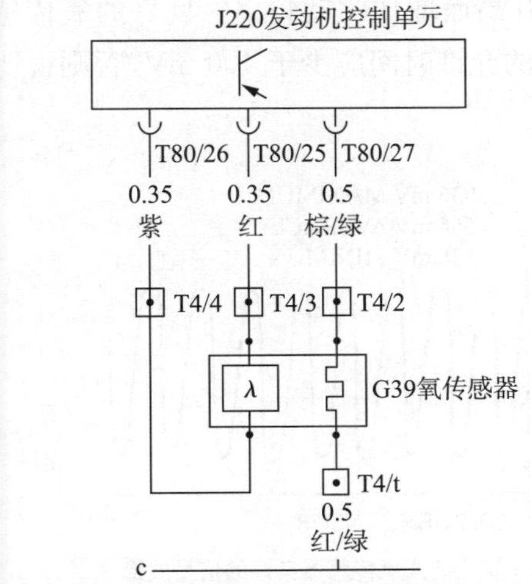

帕萨特 ANQ（桑塔纳AJR）发动机氧传感器连接电路

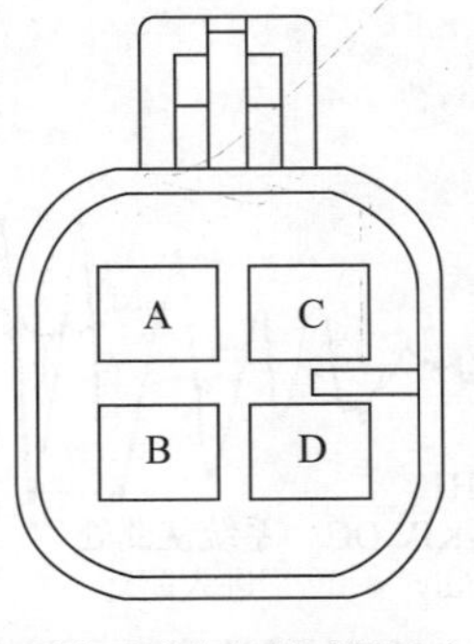

别克君威车氧传感器插头
（A—信号回路；B—信号；C—加热线圈搭铁；D—加热线圈电源+12 V）

4. 帕萨特 ANQ(桑塔纳 AJR)氧传感器的检测

(1) 工作情况检查。

连接 X－431 解码器，起动发动机，热车，进入发动机系统→读测量数据块→07 组，屏幕显示：

帕萨特 B5 发动机：

λ 调节器的控制值	λ 传感器电压	活性炭罐电磁阀 1 的占空比	带燃油箱通风的 λ 修整因素
－10%～＋10%	0.1 V → 0.9 V	0～99%	0.30～1.10

桑塔纳 2000GSi 发动机：

发动机转速	混合气 λ 控制	λ 传感器电压	怠速时 λ 调节值
	－10%～＋10%	0.1 V → 0.9 V	－10%～＋10%

(2) 氧传感器的检测。

① 加热元件电阻的检测。

关闭点火开关，拔开氧传感器插头，在常温下用万用表的欧姆档检测端子 1 与端子 2 之间的阻值，标准阻值应在 1～5 Ω。如果阻值为无穷大，则说明加热线圈断路，需更换氧传感器。

② 加热元件供电电压的检测。

检测加热元件电压时，先拔开氧传感器插头，起动发动机，检测插座上端子“1”和“2”之间电压，标准值应不低于 11 V。如果电压为 0 V，则说明加热线圈的线路连接有断路，应进行检修。

③ 信号电压的检测。

连接氧传感器插头，起动发动机，使达到工作温度，并维持怠速运转，将数字式万用表连接到氧传感器“3”和“4”的端子，万用表指示电压应在 0.1～0.9 V 范围内变化。若在节气门打开过程中，输出电压没有变化，说明氧传感器工作不良。供给发动机较稀的混合气时，信号电压应下降至 0.1～0.3 V；供给发动机较浓的混合气时，则氧传感器的输出电压应增大至 0.7～1.0 V。在混合气浓度变化时，如果氧传感器输出电压不能发生相应改变，则说明氧传感器有故障。

④ 氧传感器信号波形检测。

起动发动机，将示波器测试探针连接到氧传感器信号线上，打开示波器，查看氧传感器波形。

观察氧传感器在怠速时的波形；踩下加速踏板，急加速，再立即放开加速踏板，记录整个过程的信号波形，其波形应在0～1 V之间频繁地跳动，并随发动机转速的升高而增加跳动频率。良好的氧传感器信号电压应大于850 mV，最低电压应在75～175 mV，从浓到稀的允许时间应少于100 mV，否则说明氧传感器工作不良。

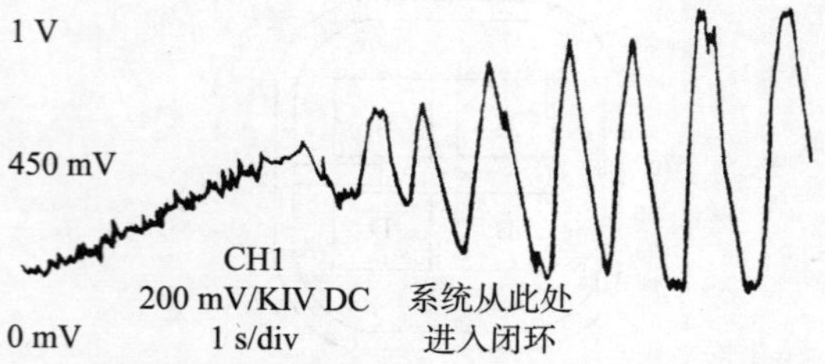

从开环控制到闭环控制的氧化锆式氧传感器信号波形

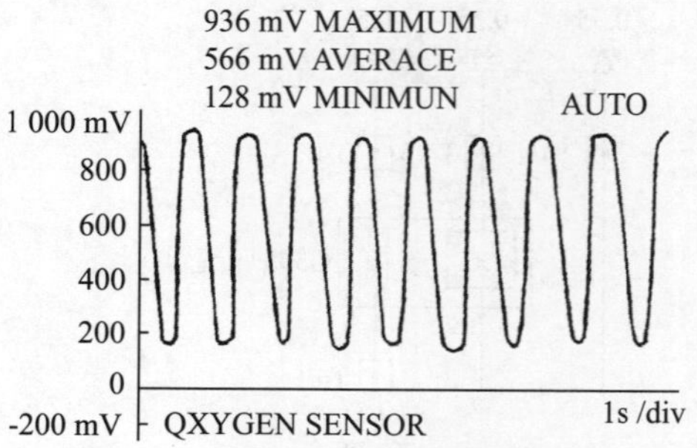

氧化锆式氧传感器良好的信号波形

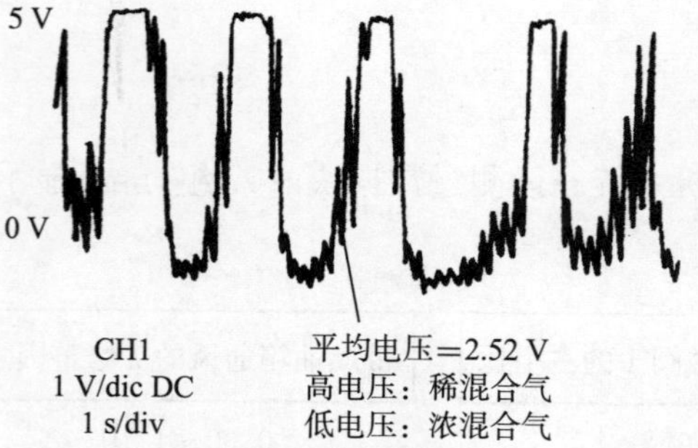

怠速时氧化钛式氧传感器波形

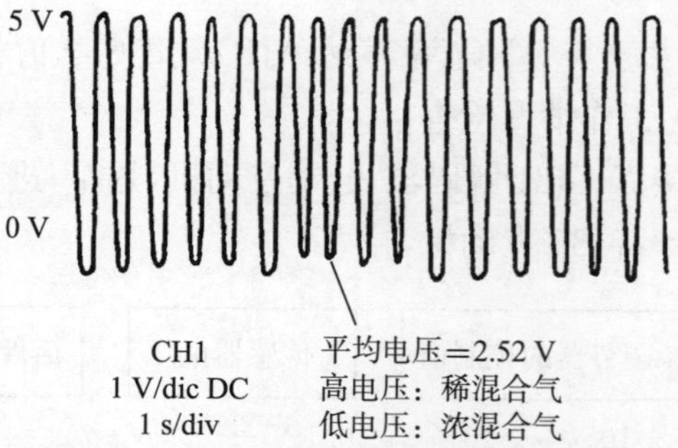

转速为2 500 r/min时氧化钛式氧传感器波形

⑤ 查看氧传感器顶尖的颜色来判断其故障及技术状况。

a. 如果氧传感器的顶尖呈现淡灰色，说明氧传感器基本正常；

b. 如果氧传感器的顶尖呈现白色，说明被硅污染了，此时必须更换氧传感器；

c. 如果氧传感器的顶尖呈现棕色，说明被铅污染，应采取措施予以清除，无法清除时应进行更换。

二、工作页

车型：____________________

1. 查看氧传感器顶尖的颜色来判断其故障及技术状况（零部件）。

氧传感器的顶尖颜色：

分析判断性能：

2. 依据维修手册或教师指定的范围寻找实训车上的氧传感器，并填入下表：

传感器名称	安装位置	导线数量	结构类型
主氧传感器			
副氧传感器			

3. 画出传感器端子形状，观察氧传感器插头的导线颜色，测量并填入下表。

测量端子	检测目的	标准值	测量值	传感器插头形状和端子编号
	加热元件电阻	1～5 Ω		
	加热元件供电电压	≥11 V		
	信号电压	0.1～0.9 V变化		

4. 解码器检测氧传感器信号。

连接X－431解码器，起动发动机，热车，进入发动机系统 → 读测量数据块 → 07组，屏幕显示：

操　　作	λ调节器的控制值	λ传感器电压
800(r/min)		
1 500(r/min)		
急加速		
某缸断油		

注：在大众车系中，λ传感器即为氧传感器。

5. 氧传感器信号波形检测。

将示波器测试探针连接到氧传感器信号线上，打开示波器，查看并记录氧传感器波形。

怠速波形

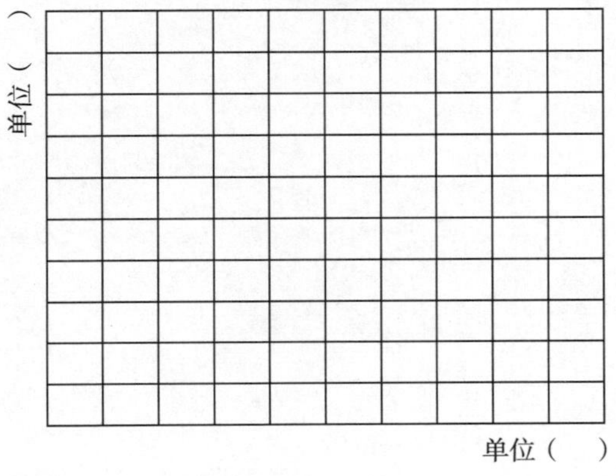

急加速波形

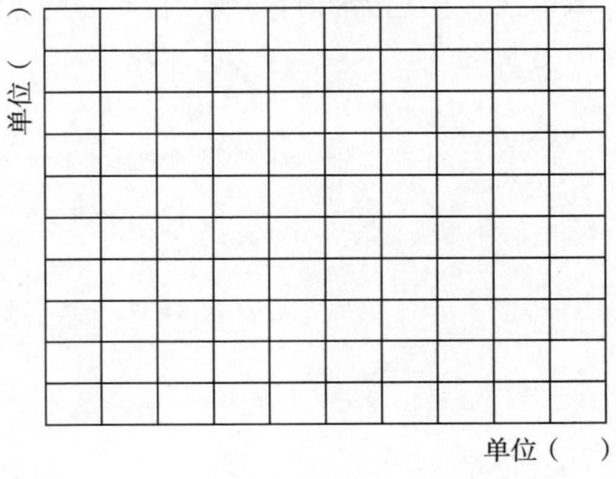

三、复习思考题

1. 如何检测判断氧传感器性能是否良好?

2. 断开氧传感器连接器,接通点火开关,测量线束端的信号线,此时信号应为多少?

3. 如何分析氧传感器信号波形?

4. 氧传感器发生故障时,车辆会出现哪些故障现象?

实训二(七)　爆震传感器

一、实训指导

(一) 实训目标

同实训二(一)。

(二) 安全要求及注意事项

同实训二(一)。

(三) 设备/工具/耗材要求

同实训二(一)。

(四) 实训操作指导

1. 安装位置

爆震传感器安装在发动机缸体上。

2. 结构类型和信号

常见的爆震传感器的结构类型是压电式。爆震传感器信号是模拟信号。

3. 插头与导线认识

以下为典型车型爆震传感器插头。

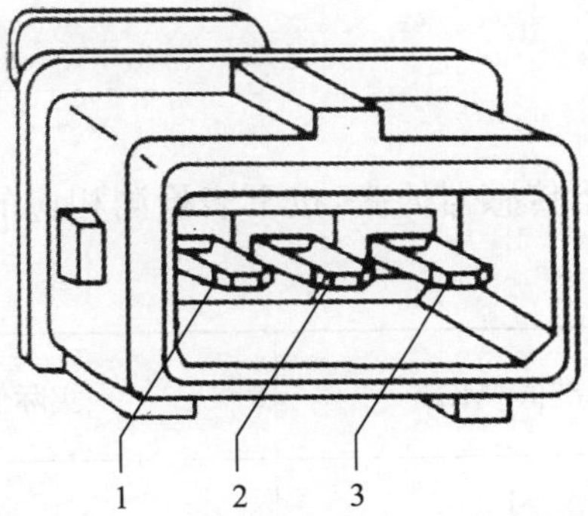

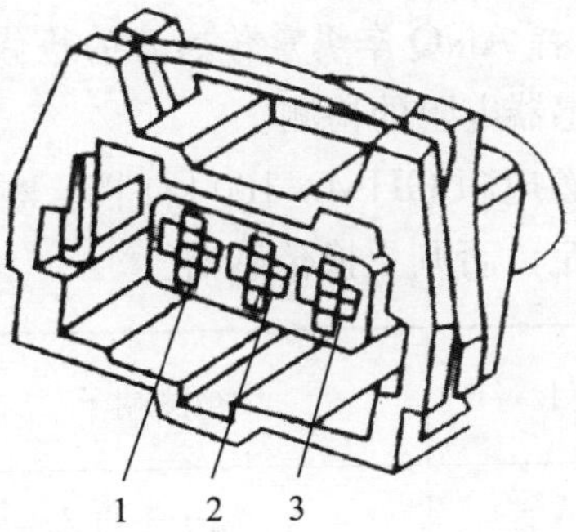

帕萨特 ANQ爆震传感器插头

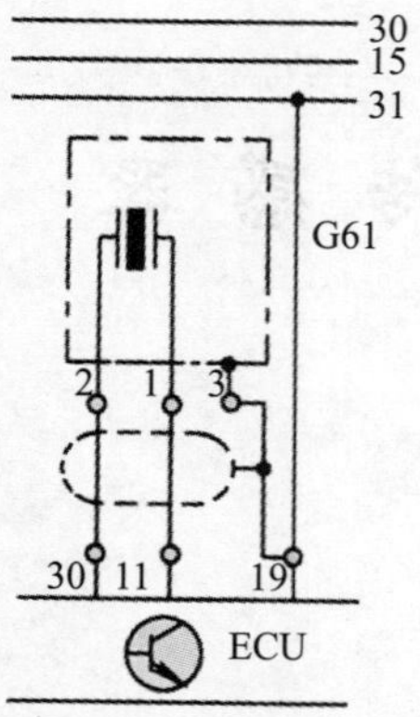

桑塔纳2000GLi AFE发动机爆震传感器连接图

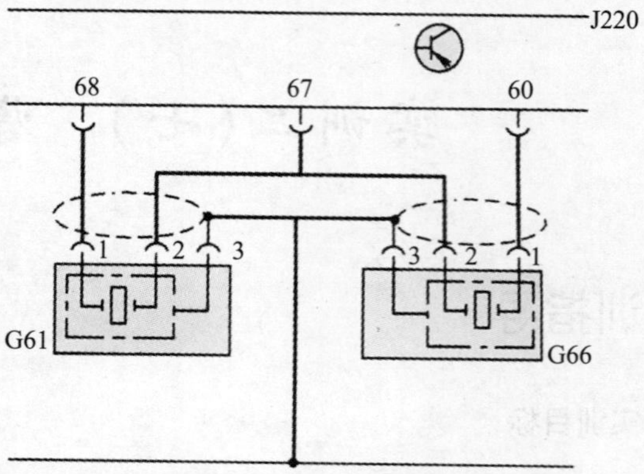

桑塔纳2000GSi AJR发动机爆震传感器连接图

发动机	帕萨特 ANQ 发动机			桑塔纳 AFE 发动机		
接线端子	接线端 1	接线端 2	接线端 3	接线端 1	接线端 2	接线端 3
端子作用	信号(+)	信号(−)	屏蔽线	信号(+)	信号(−)	屏蔽线

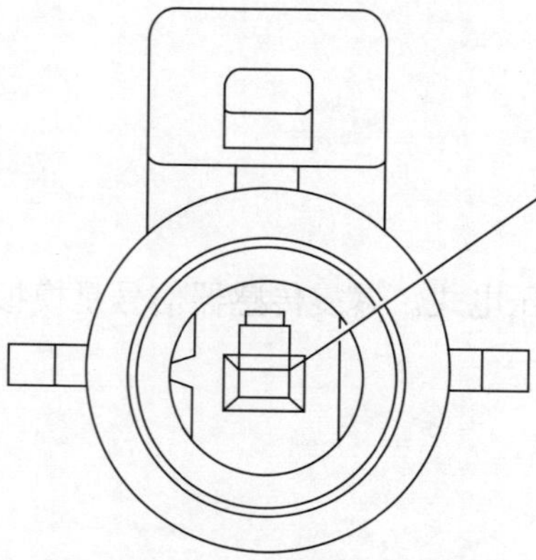

别克君威车爆震传感器插头(A—信号)

4. 帕萨特 ANQ 车爆震传感器的检修

(1) 传感器电阻的检测。

万用表置电阻 OHM×100 kΩ 档。断开点火开关,拔下传感器插头,按下表检测相应的端子,结果应当符合规定。否则更换传感器。

检查项目	被测端子	标准值/MΩ	实际值
传感器的电阻	端子 1 与 2	>1	
	端子 1 与 3	>1	
	端子 2 与 3	>1	

(2) 线束电阻检测。

万用表置电阻 OHM×200 Ω 档。断开点火开关,拔下传感器线束插头和 ECU 线束插头,两插头上各端子之间导线电阻检测结果应当符合规定。如阻值过大或为无穷大，说明线束与端子接触不良或断路，应予修理。

(3) 爆震传感器输出电压的检测。

接通点火开关，敲击爆震传感器边上的缸体，用万用表交流电压档检查爆震传感器的端子 1 与 2，应有脉冲电压输出，否则，应更换爆震传感器。

(4) 诊断仪检测。

连接诊断仪，起动发动机，热车，进入发动机系统→读测量数据块→14 组，屏幕显示：

发动机转速	发动机负荷	第 1 缸点火滞后角	第 2 缸点火滞后角
820～900 r/min	1.00～2.50 ms	0～15.0°	0～15.0°

读测量数据块→15 组，屏幕显示：

发动机转速	发动机负荷	第 3 缸点火滞后角	第 4 缸点火滞后角
820～900 r/min	1.00～2.50 ms	0～15.0°	0～15.0°

(5) 示波器检测传感器信号波形。

连接示波器测试探针到传感器信号线上，接通点火开关，用木槌敲击传感器附近的缸体，应显示有一震动波形，敲击越重，振动幅度就越大。

二、工作页

车型：________________

1. 依据维修手册或教师指定的范围寻找实训车上的爆震传感器，并填入下表：

传感器名称	安装位置	导线数量	结构类型
爆震传感器			

2. 观察连接器导线颜色，分析其作用。

传感器端子编号	导线颜色	导线作用	爆震传感器插头形状与端子编号
1			
2			
3			

3. 爆震传感器的检修。

(1) 万用表检测。

① 传感器电阻的检测。

万用表置电阻 OHM×100 kΩ 档，检测传感器电阻。

检查项目	被测端子	标准值/MΩ	检测值
传感器的电阻		>1	
		>1	
		>1	

② 线束电阻检测。

万用表置电阻 OHM×200 Ω 档，检测线束电阻。

检查项目	被测端子	标准值/Ω	实际值
传感器正极信号线		<0.5	
		<0.5	
传感器负极信号线		<0.5	
传感器屏蔽线		<0.5	

③ 爆震传感器输出电压的检测。

接通点火开关，敲击爆震传感器边上的缸体，用万用表交流电压档检查爆震传感器的端子 1 与 2，检测输出脉冲电压：________________。

(2) 解码器检测。

连接 X－431 解码器，起动发动机，热车，进入发动机系统→读测量数据块→24 组(大众车系)

发动机转速	发动机负荷	点火提前角	第 1 至第 4 缸总点火滞后角平均值

屏幕显示：__________ __________ __________ __________

(3) 用示波器对传感器进行检测(选做)。

连接示波器测试探针到传感器信号线上，检测波形，用木槌敲击传感器附近的缸体，显示波形：

实际波形

三、复习思考题

1. 用万用表测量爆震传感器的信号电压，万用表档位应放在直流电压档还是交流档？用直流电压档和交流电压档分别测量爆震传感器的信号电压，测量值有何差异？

2. 如何对压电式爆震传感器进行检测？

3. 拔下爆震传感器插头，接通点火开关，测量线束端的信号(+)，测量值是多少？

4. 爆震传感器信号线断路，对发动机运行有何影响？

实训三　燃油供给系统检修

姓名：＿＿＿＿＿＿　　班级：＿＿＿＿＿＿　　日期：＿＿＿＿＿＿

一、实训指导

（一）实训目标

1. 熟悉电控燃油供给系统的组成部件；
2. 熟悉电控燃油供给系统主要部件失效可能产生的故障现象及简单的排除。

（二）安全要求及注意事项

1. 燃油供给系统压力较高，要防止飞溅出来弄伤眼睛，拆装前必须对系统进行泄压；
2. 拆卸油管时，应注意用棉纱擦净滴油，防止检修电器时打火而发生危险；
3. 严禁在拆卸油管的时候起动发动机；
4. 在组装燃油回路零部件时，所使用的各种垫片应更换新件；
5. 严禁干试油泵；
6. 维修后，应检查燃油系统是否漏油。

（三）设备/工具/耗材要求

设备：帕萨特车一辆，或桑塔纳电喷车一辆，或其他电喷车一辆，燃油系统免拆清洗机一台。
工具：常用工具一套，万用表一个，二极管试灯一个，燃油压力表一个。
耗材：清洗剂一罐。

（四）实训操作指导

1. 认知电控燃油供给系统的组成、结构与安装位置

(1) 燃油泵。

电动燃油泵安装在燃油箱内。提供足够压力的燃油，经燃油分配管送到喷油器。

(2) 燃油滤清器。

作用是滤去燃油中的杂质，防止污染物堵塞喷油器针阀等精密机件，安装在燃油箱内电动燃油泵出口处，串联在车辆底部的燃油出油管中，或串联在发动机室的燃油出油管中。

(3) 燃油分配器。

作用是负责分配燃油到每个喷油器，安装在发动机室内。

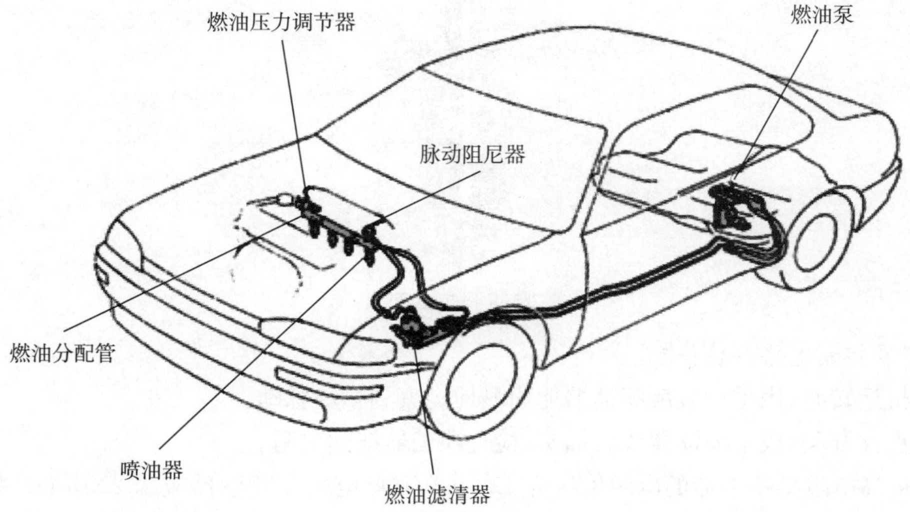

电控燃油供给系统组成部件安装位置图

燃油泵实体图

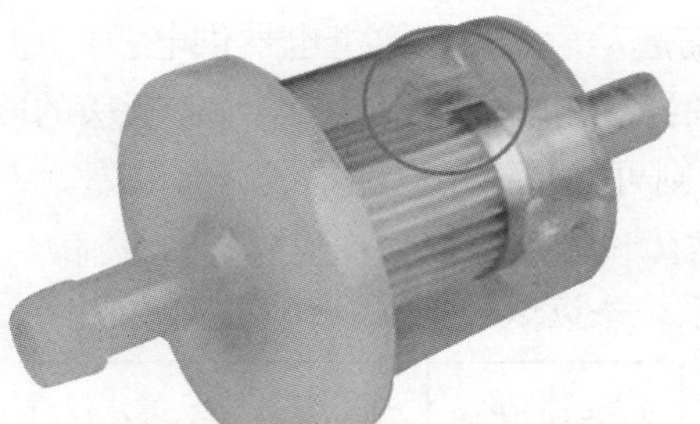

燃油滤清器实体图

（4）燃油压力调节器。

作用是调节至喷油器的燃油压力，使油路中的燃油压力与进气管压力之差保持常数，这样从喷油器喷出的燃油量便唯一地取决于喷油器的开启时间，使电控单元能够通过控制电脉冲宽度来精确控制喷油量。安装在燃油分配器的末端，油箱内燃油泵出口处。

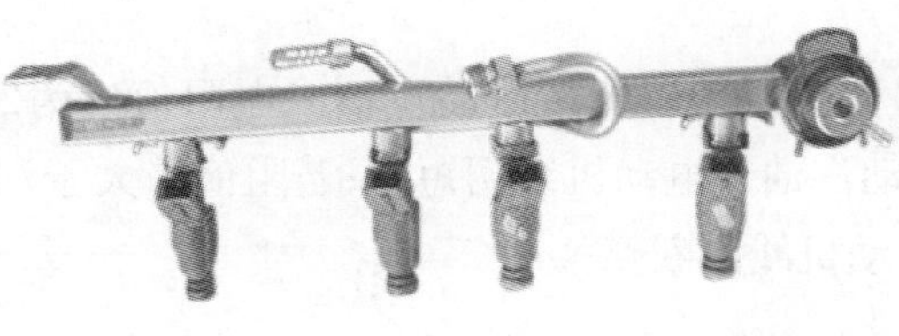

燃油分配器实体图

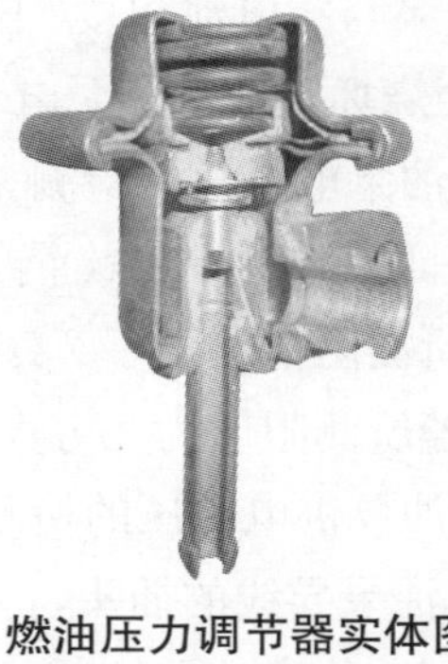

燃油压力调节器实体图

（5）喷油器。

根据发动机 ECU 发出的喷油脉冲信号，将精确计算的燃油喷射到节气门附近的进气歧管内，直喷发动机直接喷入缸内。安装在燃油分配器上，每缸一个喷油器。

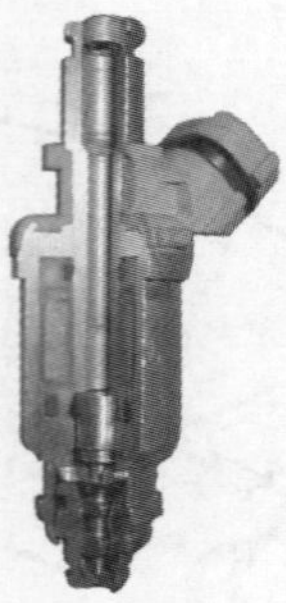

喷油器实体图

2. 喷油器及控制电路的检修

(1) 发动机运转时,用手指接触喷油器能明显地觉察到喷油脉动。

(2) 关闭点火开关,拔下喷油器线束插头,检查喷油器线圈电阻。

在 20℃时,高电阻型喷油器的电阻值应为 12～16 Ω,低电阻型喷油器应为 2～5 Ω。如果电阻值不符,应更换喷油器。

(3) 喷油器供电电压的检查:点火开关断开,拔出喷油器插头。打开点火开关,喷油器插头的任一端子对地电压正常值为 12 V。如不符合要求,则检查插头端子与熔断丝之间的线路有无断路或接触不良。有的车需起动后才由油泵继电器供电。

(4) 喷油器控制端的检查:在喷油器插头的两端子间接上二极管试灯,起动发动机,试灯应闪烁,若试灯不闪烁,则可能是控制电脑或线路有故障。

(5) 用故障诊断仪读取喷油信号的数据流。

发动机系统→读取数据块→001 组,002 组(大众车系)

001 组	发动机转速	发动机负荷(*)	节气门角度	点火提前角
002 组	发动机转速	发动机负荷(*)	发动机每循环喷射持续时间	进气流量

注:(*)曲轴每转喷射持续时间。

3. 电动汽油泵的检测

(1) 电动汽油泵工作状态检查(选做)。

将电动汽油泵与蓄电池相接(正负极不能接错),并使电动汽油泵尽量远离蓄电池,每次接通不超过 10 s(时间过长会烧坏电动汽油泵电动机的线圈)。如电动汽油泵不转动,则应更换电动汽油泵。

(2) 电动汽油泵电阻值的检测。

点火开关关闭,拔下电动汽油泵的插头,用数字万用表测量电动汽油泵电阻值应为2～7 Ω(此值与温度有关)。若所测阻值远小于 2 Ω,则说明电动汽油泵电动机线圈短路;若阻值稍大于7 Ω,则为电动机电刷接触不良;若所测阻值为无穷大,则说明电动机线圈断路。

(3) 电动汽油泵供电电压的检测。

拔下电动汽油泵导线的插头,将点火开关 ON,测量插头上黑色线对应端子与搭铁之间的电压,应有 12 V,若无电压则应检查油泵熔断丝是否熔断。有的车需起动才由油泵继电器供电。

(4) 电动汽油泵继电器的检测(大众车系)。

从中央线路板上拔下 2 号继电器(即电动汽油泵继电器),给"85"、"86"端外加 12 V 电压,若能听到触点的吸合声,则表明电动汽油泵继电器良好,否则应更换。

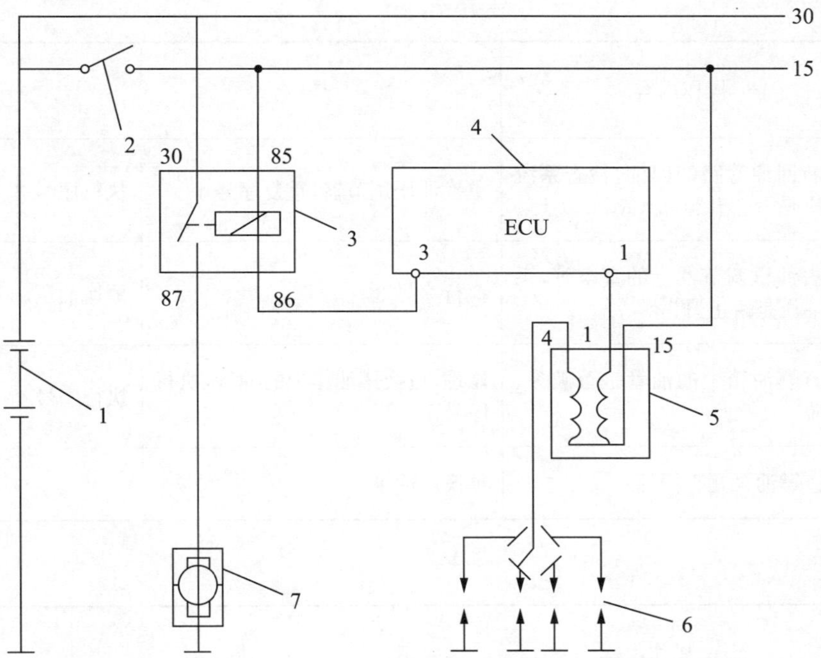

桑塔纳 2000GLi 乘用车电动汽油泵控制电路

1—蓄电池；2—点火开关；3—电动汽油泵继电器；4—ECU；5—点火线圈；6—火花塞；7—电动汽油泵

(5) 电动汽油泵泵油量的检测。(选做)

点火开关关闭，拆掉汽油滤清器接口，短路电动汽油泵继电器“30”、“87”端，观察泵油量及泵油压力，该种电动汽油泵的泵油量为 550～650 ml/30 s，泵油压力为 330～350 kPa。

4. 燃油系统故障诊断

(1) 燃油泵不转，燃油系统压力为“0”。

序号	操作内容	是	否
1	检查燃油泵是否运转	检查燃油箱内油管是否松脱，燃油压力表是否损坏，执行序号 5	执行序号 2
2	检查油泵保险丝是否断裂	更换油泵保险丝，执行序号 1	执行序号 3
3	检查油泵继电器是否损坏	更换油泵继电器，执行序号 1	执行序号 4
4	检查 ECU 是否收到曲轴位置传感器信号	执行序号 5	检查曲轴位置传感器及线路，执行序号 1
5	检查燃油泵是否损坏	更换燃油泵	

（2）系统油压低。

序号	操作内容	是	否
1	切断回油管路的回油，检查系统油压是否上升至 0.4 MPa 以上	更换油压调节器，重复序号 1	执行序号 2
2	拔去油压调节器上的真空管，系统油压是否上升	执行序号 3	更换油压调节器，执行序号 1
3	检查燃油箱中的油管是否破裂、松脱	修理、更换燃油箱中的油管，执行序号 1	执行序号 4
4	检查燃油泵是否损坏	更换燃油泵	

（3）残压过低。

序号	操作内容	是	否
1	起动后切断回油管路的回油，熄火，检查系统油压是否下降	执行序号 2	油压调节器损坏，更换油压调节器，执行序号 1
2	起动后切断燃油泵至燃油导轨的油路，熄火，检查系统油压是否快速下降	燃油泵单向阀损坏，更换燃油泵，执行序号 1	执行序号 3
3	检查喷油器是否泄漏	修理、更换喷油器，执行序号 1	

二、工作页

1. 检测喷油器的电阻值。

喷油器	1	2	3	4
线圈阻值/Ω				
是否正常	正常 不正常	正常 不正常	正常 不正常	正常 不正常

在 20℃时，高电阻型喷油器的电阻值应为 12～16 Ω，低电阻型喷油器应为 2～5 Ω。如果电阻值不符，应更换喷油器。

2．观察喷油器插座 2 个端子的导线颜色，检测并分析功能。

喷油器	1 号端子				2 号端子			
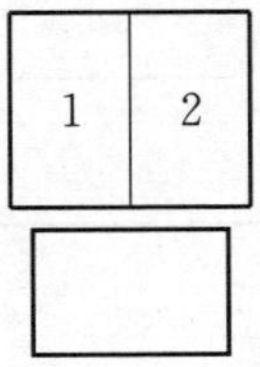	导线颜色	功能	KEY ON/V	RUN 时该端子上二极管试灯	导线颜色	功能	KEY ON/V	RUN 时该端子上二极管试灯
1 缸喷油器				常亮 闪烁				常亮 闪烁
2 缸喷油器				常亮 闪烁				常亮 闪烁
3 缸喷油器				常亮 闪烁				常亮 闪烁
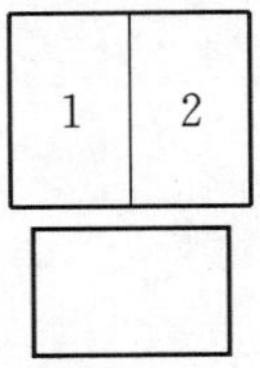	导线颜色	功能	KEY ON/V	RUN 时该端子上二极管试灯	导线颜色	功能	KEY ON/V	RUN 时该端子上二极管试灯
4 缸喷油器				常亮 闪烁				常亮 闪烁

3．诊断仪检测。

用故障诊断仪读取喷油信号的数据流。发动机系统→读取数据块→001 组，002 组

	发动机转速	发动机负荷	节气门角度	点火提前角
001 组检测数据	800 r/min			
	1 500 r/min			

（续表）

	发动机转速	发动机负荷	发动机每循环喷射持续时间	进气流量
002 组 检测数据	800 r/min			
	1 500 r/min			

4. 故障诊断与排除。

（1）燃油压力为“0”的故障诊断与排除。

故障现象：

检查步骤：

故障诊断结果：

分析总结：

（2）燃油压力过低的故障诊断与排除。

故障现象：

检查步骤：

故障诊断结果：

分析总结：

(3) 燃油残压过低的故障诊断与排除。

故障现象：

检查步骤：

故障诊断结果：

分析总结：

三、复习思考题

1. 根据桑塔纳 2000GLi 乘用车电动汽油泵控制电路，编制燃油泵不转的故障检测工艺。

2. 燃油压力过高的原因有哪些？如何检查？

3. 如何判断油泵单向阀是否损坏？

4. 如果点火系有高压无火故障，燃油泵是否运转？

实训四　进气控制系统检修

姓名：＿＿＿＿＿＿　班级：＿＿＿＿＿＿　日期：＿＿＿＿＿＿

一、实训指导

（一）实训目标

1. 熟悉电控发动机进气系统的基本组成及安装位置；
2. 学会使用诊断仪检测怠速控制系统；
3. 学会使用万用表检测怠速控制系统；
4. 了解进气控制系统的部件组成和工作原理；
5. 学会分析进气系统常见故障的产生原因及排除方法。

（二）安全要求及注意事项

1. 实训汽车停在实训工位上，没有经过老师批准不准起动。经老师批准起动，首先应先检查车轮的安全顶块是否放好，汽车手制动是否拉好，排挡杆是否放在P挡（A/T）或空挡（M/T），车前没有人；

2. 发动机运行时不准用手触碰旋转件及风扇；

3. 点火开关接通时，不能连接或拔下诊断仪的诊断插头，以防损坏检测仪器；

4. 万用表功能档位开关必须放置正确的位置，以防损坏万用表。

（三）设备/工具/耗材要求

设备：帕萨特B5乘用车（或帕萨特B4）一辆，ANQ台架一台，桑塔纳3000乘用车一台，凯越乘用车一辆，本田/丰田乘用车一辆（具体车型根据实训中心配置选择一台或两台）。

工具：尖嘴钳一把，世达工具一套，探针一根。

仪器：元征X-431解码器或其他诊断仪一台，万用表一个。

耗材：无。

（四）实训操作指导

1. 认知进气系统的基本组成及安装位置

进气系统由空气滤清器、进气管、空气流量计（进气压力传感器）、进气温度传感器、节气门位置传感器和怠速控制机构等组成。

进气系统

空气滤清器

空气流量计(含进气温度传感器)

节气门体

电子节气门警告灯 EPC(桑塔纳 3000)

发动机诊断插座

进气压力传感器(凯越 1.6)

2. 旁通式怠速控制系统

(1) 熟悉旁通式怠速控制系统的怠速控制装置。

旁通式怠速控制系统的怠速控制装置安装在节气门体旁边，怠速控制装置结构不同，插头的端子数也不同，步进电机怠速控制阀内部有 2 个线圈，插头的端子数有 4 个。

端　子	作　用
A	线圈 B 低
B	线圈 B 高
C	线圈 A 低
D	线圈 A 高

别克乘用车怠速控制阀插头

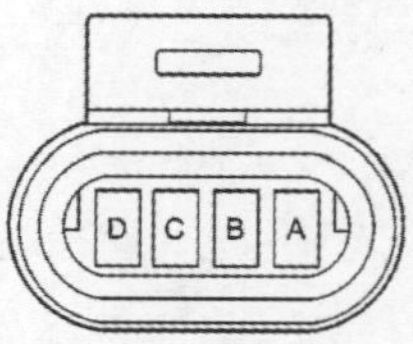

别克乘用车采用步进电机型的怠速控制阀，步级数 0～255，数值越大，怠速空气旁通道开启越大，怠速进气量越多。

用诊断仪进入发动机系统的读取数据流功能，可检测怠速控制阀步级数，用万用表可检测怠速控制阀内部 2 个线圈的阻值。

3. 节气门直动式怠速控制系统

大众 AJR 发动机采用节气门直动式怠速控制系统，由节气门控制组件中的节气门控制器(怠速电动机)在 ECU 的控制下通过齿轮传动直接推动节气门在怠速时的开度，以调节怠速转速在规定的范围内。

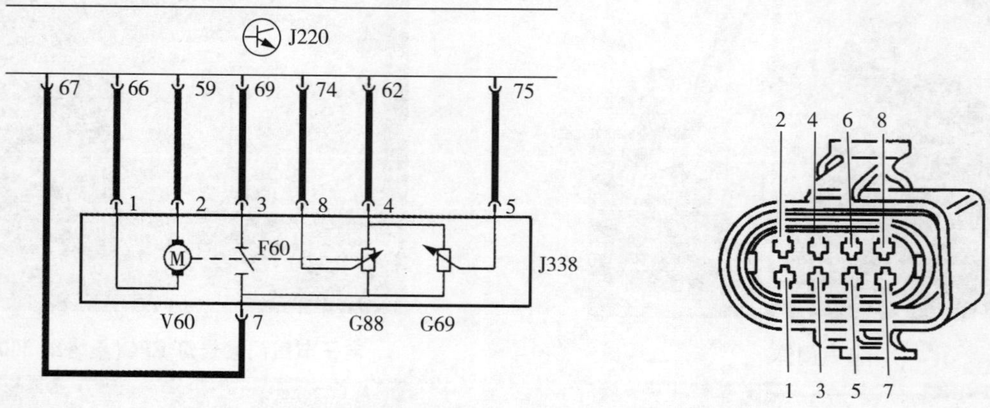

节气门控制组件电路图与连接插头

节气门控制组件的检查。

检测项目	检测仪器	检测端子	操作方法	标准值
怠速开关 (F60)	诊断仪		发动机系统→读数据块→004 组	怠速 节气门打开：(部分负荷)
	万用表	3,7	怠速时	<1 Ω
			节气门打开时	∞

(续表)

检测项目	检测仪器	检测端子	操作方法	标准值
节气门控制器电位计(G88)	万用表	1,2	3～200 Ω	3～200 Ω
		4,7	KEY ON	5 V
			任何情况	700 Ω
		4,8	节气门全闭	735 Ω
		7,8		1 170 Ω
		7,8	KEY ON,节气门全闭	0.3～0.8 V
			KEY ON,节气门全开	4 V

4. 电子节气门控制系统(选做)

电子节气门控制系统由节气门体、加速踏板、加速踏板位置传感器、节气门驱动装置和电控单元组成。

电子节气门控制系统的检修见附录2。

5. 认知进气控制系统

进气控制系统包括进气惯性增压控制系统、废气涡轮增压控制系统、可变气门正时系统、电子控制节气门系统。认知实训中心的各类型整车与发动机台架上的进气控制系统。

6. 怠速控制系统故障诊断与排除

(1) 怠速控制系统常见故障。

序号	故障名称	故障现象	故障主要原因
1	怠速不稳(缺缸)	发动机有节奏地晃抖,排气管发出“突突”声	某缸或几缸工作不良(不工作)
2	怠速不稳(不缺缸)	发动机抖动	怠速系统、点火系统、燃油系统、机械系统有故障、漏气等
3	怠速过低	发动机怠速转速低于原厂标准	怠速系统有故障(节气门体脏污、怠速进气系统脏堵等)
4	怠速过高	发动机怠速转速高于原厂标准	怠速系统有故障(节气门体脏污、节气门卡、怠速进气系统脏等)、匹配、漏气、点火正时等
5	怠速失速	怠速转速忽高忽低(游车)	怠速系统有故障、漏气、EGR阀不能关闭、匹配等

(2) 怠速控制系统故障诊断与排除。

① 检查确定怠速不正常的故障现象。

② 查看是否缺缸,如缺缸则检查缺缸的故障原因,是高压火问题、喷油器问题还是该缸机械问题。

③ 检查是否有故障码,如有,根据故障码检查故障原因。

④ 如无故障码,读取怠速控制系统的数据流,主要是节气门开度及怠速状态标志,如数据流不正常,

检查故障原因，如节气门脏污、发卡、怠速阀脏堵等。

⑤ 如无故障码，数据流显示正常，检查漏气等其他原因。

二、工作页

1. 观察认识并画出________乘用车（美国车系）进气系统的基本组成部件和进气控制系统部件的安装位置。

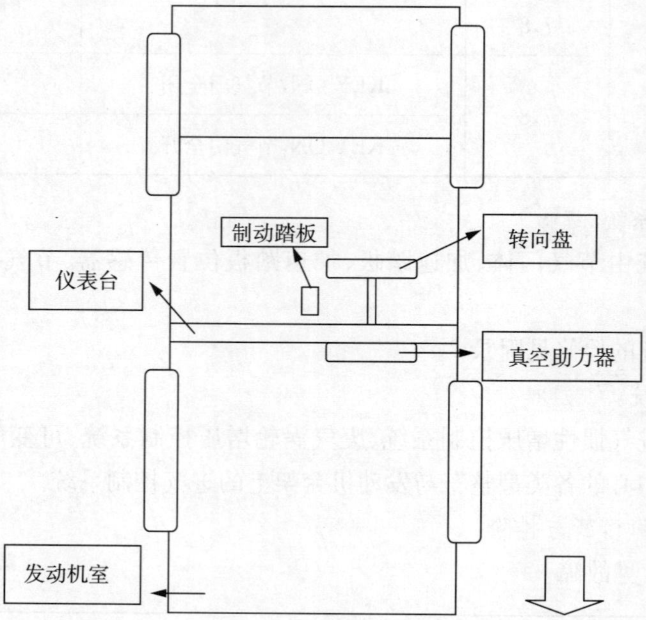

2. 观察认识并画出________乘用车（大众车系）进气系统的基本组成部件和进气控制系统部件的安装位置。

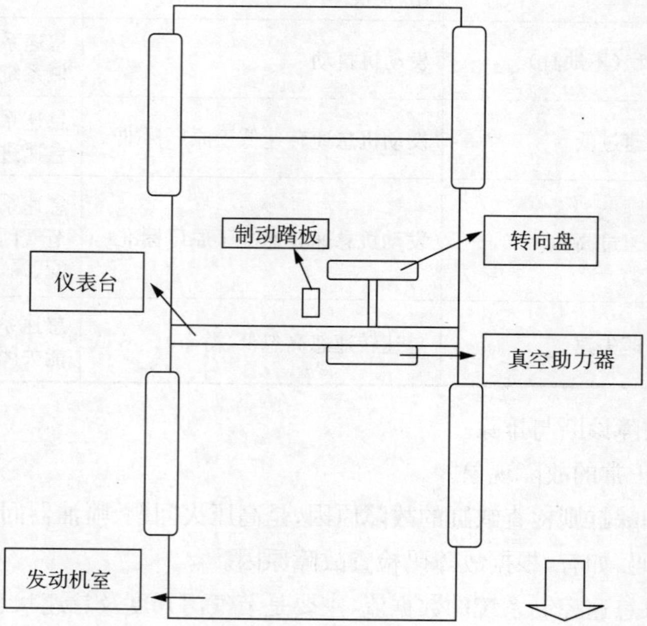

3. 观察认识并画出________乘用车(丰田车系)进气系统的基本组成部件和进气控制系统部件的安装位置。

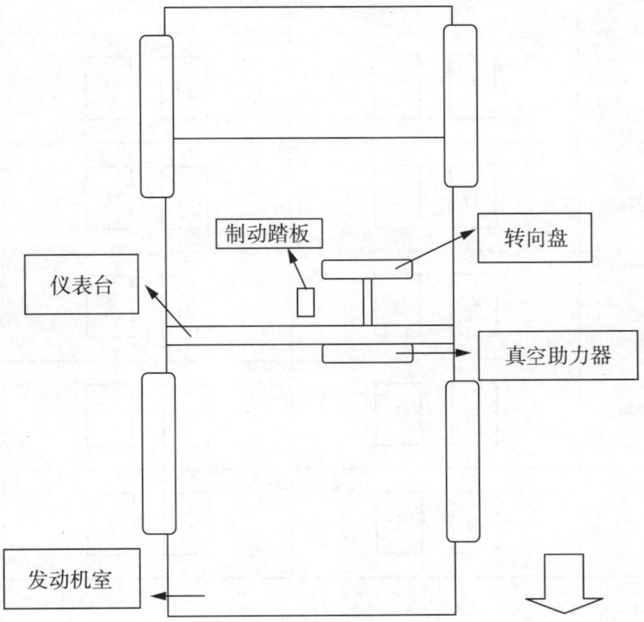

4. 根据观察内容回答下列问题。

车型：______________________________

(1) 点火开关 ON，观察仪表板上的电子节气门警告灯：(桑塔纳 3000 或其他车)。

① 电子节气门警告灯图符：

② 电子节气门警告灯颜色：

③ 电子节气门警告灯 在点火开关 ON ________秒后熄灭

(2) 空气滤清器安装应良好,空气滤清器滤芯无脏堵。

检查实训车辆的空气滤清器滤芯有无堵塞情况________。

(3) 进气管应无破损,各真空管连接牢靠应无泄露。

检查实训车辆的进气管有无破损,各真空管是否连接牢靠无泄漏________。

5. 观察实训中心配置进气控制系统的车辆，回答并填写下表。

进气控制系统	______车	______车	______车
节气门控制组件	有 无	有 无	有 无
电子节气门	有 无	有 无	有 无
进气惯性增压控制系统	有 无	有 无	有 无
废气涡轮增压控制系统	有 无	有 无	有 无
可变气门正时系统	有 无	有 无	有 无

6. 读取怠速控制系统的数据流。

(1) 通用汽车怠速控制阀的步级数。

序号	工作状态	怠速控制阀步级数
1	怠速(冷车)	
2	怠速(热车)	
3	怠速开空调	
4	关闭点火开关,发动机熄火后	
5	非怠速状态	

(2) 大众汽车节气门直动式怠速控制系统。

序号	工作状态	节气门开度
1	怠速(冷车)	
2	怠速(热车)	
3	怠速开空调	
4	2 000 r/min	

7. 怠速故障诊断与排除。

故障(1)

故障现象：

故障分析：

故障诊断与排除步骤：

结论与分析：

故障(2)

故障现象：

故障分析：

故障诊断与排除步骤：

结论与分析：

三、复习思考题

1. 读取大众车空气流量信号、节气门位置传感器等信号，分析相互关系。

2. 为什么电子节气门控制系统踏板位置传感器内部设置2个信号？叙述踏板位置传感器2个信号的相互关系。

3. 为什么电子节气门内部设置2个信号？叙述电子节气门2个信号的相互关系。

4. 废气涡轮增压控制系统的作用是什么？如何检测废气涡轮增压控制系统？

5. 丰田VVT－i可变气门正时系统与本田VTEC可变气门正时及气门升程电子控制系统有何差异？

实训五　点火系统检修

姓名：__________　　班级：__________　　日期：__________

一、实训指导

(一) 实训目标

1. 了解点火系统的组成；
2. 掌握各形式点火系统工作原理；
3. 掌握点火系统组成元件的拆装及测量；
4. 学会检测双缸独立点火系统和单缸独立点火系统；
5. 熟悉点火系统主要元器件失效可能产生的故障现象及排除方法。

(二) 安全要求及注意事项

1. 实训汽车停在实训工位上，没有经过老师批准不准起动。经老师批准起动，首先应先检查车轮的安全顶块是否放好，汽车手制动是否拉好，排挡杆是否放在P挡(A/T)或空挡(M/T)，车前没有人；
2. 点火开关接通时，不能连接或拔下检测仪的诊断插头，以防损坏检测仪器；
3. 万用表功能档位开关必须放置正确的位置，以防损坏万用表；
4. 发动机运转时，不要触摸或拔下点火线；
5. 连接或拔下点火系统接线前应关闭点火开关；
6. 安装接线时必须正确，特别注意电源极性不可接反，否则极易损坏点火控制器；
7. 汽油和易燃品要远离发动机，发动机油路没有泄漏；
8. 发动机温度高时，必须等待发动机冷却到适当温度，方可操作；
9. 检测点火系统时，可以切断燃油系统电路；
10. 实训台严格按使用说明操作。

(三) 设备/工具/耗材要求

设备：大众帕萨特乘用车一辆或台架一个，或其他电控汽车或台架，点火系统试验台(传统点火、普通电子点火、单缸独立点火、双缸同时点火)，点火线圈、分电器、高压线、火花塞、分火头、点火控制器等点火系统零部件。

工具：一字起一把，十字起一把及火花塞套筒一个。

仪器：数字万用表一个，指针万用表一个(选用)及二极管试灯一个。

耗材：抹布。

(四) 实训操作指导

1. 传统点火系统的检修(复习,选做)

1) 认知传统点火系统的组成

传统点火系统由电源(蓄电池,发电机)、点火线圈、分电器(断电—配电器)、火花塞、电容器、点火开关等组成。

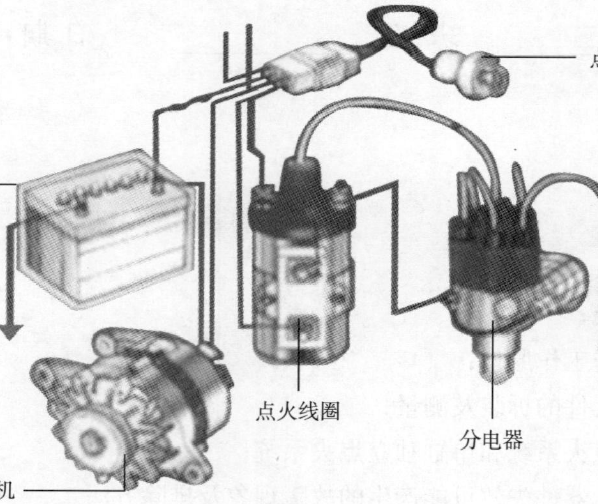

传统点火系统的组成

2) 传统点火系统的检测。

(1) 分火头的检查。

① 外观检查:分火头应无任何裂纹、烧蚀和击穿。

② 绝缘检查:将分火头倒放在机体上,用发动机中央高压线对准分火头进行跳火试验,若产生火花,则说明分火头漏电。

分火头的绝缘检查

(2) 分电器盖的检查。

用一块干燥的棉布将分电器盖擦拭干净,查看分电器盖有无裂纹及烧蚀痕迹,内部各电极应无明显的磨损、腐蚀,否则应更换分电器盖。中心电极应无卡滞,若烧蚀磨损致使其长度较标准长度减少 2 mm 以上时,应更换新件。

(3) 断电器触点的检查。

① 外观检查:检查触点表面是否有氧化、烧蚀等现象,若有,应用 00 号砂纸进行研磨。

② 间歇检查与调整：当凸轮最高点与橡胶顶块对准时，用塞尺测量断电器的触点间隙，其正常值应为0.35～0.45 mm。若不符合规定，可旋松固定螺钉，通过调整偏心螺栓进行调整。

断电器触点的检查

(4) 电容器的检查。

用指针万用表检查，将万用表置于R×1 K档，使两表笔同时接触电容器的引线和外壳；若万用表指针缓慢地从∞位置向0位置方向摆动，然后迅速返回∞位置，说明电容器工作正常；若万用表指针始终不动，说明电容器断路，应进行检查，视情更换；若万用表指针指示电阻值较小且不回摆，说明电容器漏电，应予于更换；若万用表指针指示电阻值为0，则说明电容器短路(击穿)，应予以更换。

(5) 高压线的检测。

① 外观检查：检查高压线是否有破裂、损坏等不良现象，若有，应予以更换。

② 检查高压线的电阻值：

a. 小心拔下高压线，拔高压线时，注意施力，不可硬从导线上拉，否则很容易断掉，须捏紧头部稍微旋转一下再拔出；并对各缸高压线顺序做好记号。

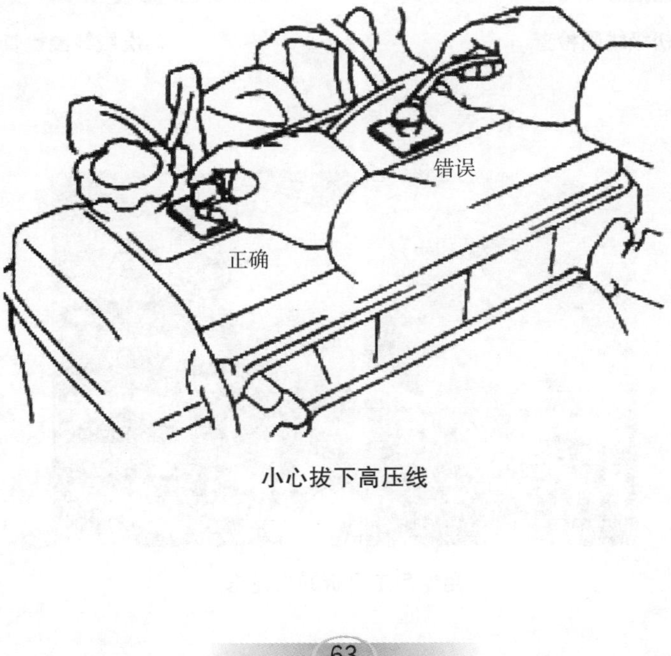

小心拔下高压线

b. 用万用表测量高压线两端的电阻值，若电阻值无穷大或超限，应更换高压线。

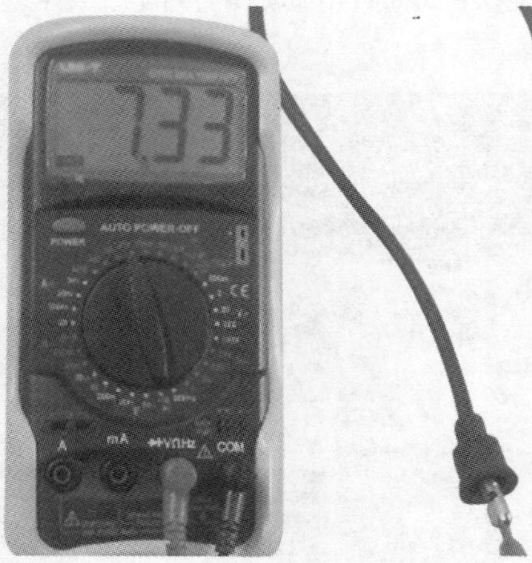

高压线电阻值的检测

（6）点火线圈的检测。

① 外观检查：检查点火线圈的外表，若绝缘盖破裂或外壳破裂，应予以更换。

② 初级、次级绕组断路、短路和搭铁检查：用万用表测量点火线圈的初级绕组、次级绕组以及附加电阻的电阻值，应符合技术标准，否则说明有故障，应予以更换；检查初级绕组电阻：用万用表电阻档测量"＋"和"－"端子间的电阻；检查次级绕组电阻：用万用表电阻档测量"＋"与中央高压端子间的电阻。

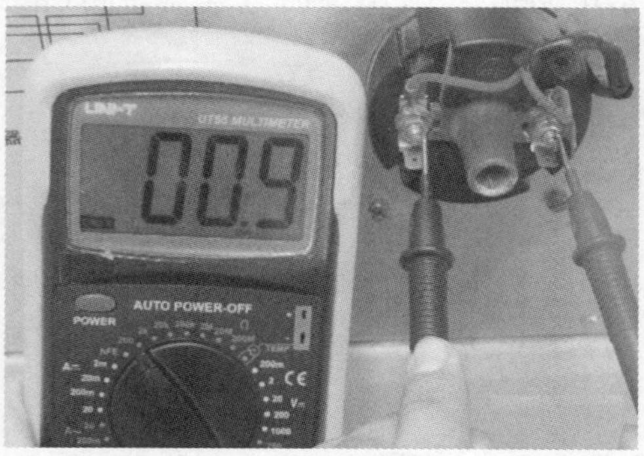

初级线圈检查

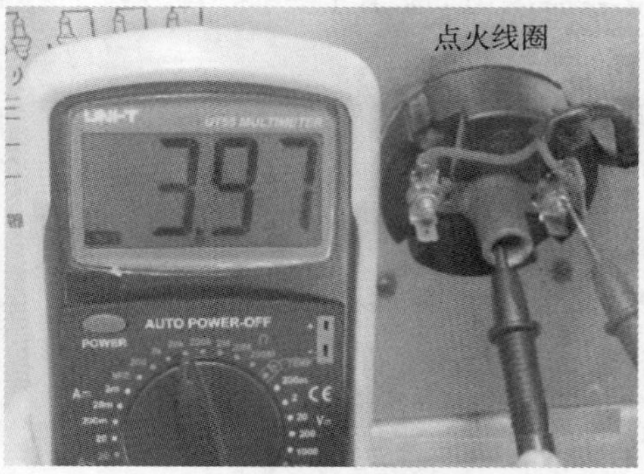

次级线圈检查

（7）火花塞的检测。

① 火花塞拆卸。

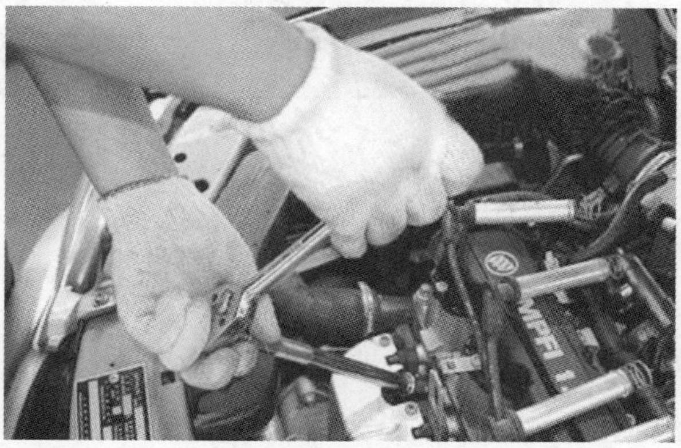

用专用工具拆卸火花塞

若拧不动时，可以将专用扳手敲击一下，即可松开。若已拧动，但仍拆卸困难时，应向火花塞螺孔滴几滴煤油，先轻轻拧紧，等几分钟后再进行拆卸，以免破坏螺纹。若火花塞比较深，拿不出来，可借助高压线取出火花塞。

用专用工具拆卸火花塞

② 积炭的检查：火花塞在工作工程中，产生微量的积炭是正常的。当火花塞积炭严重时，应认真分析积炭产生的原因，并排除故障，同时对火花塞积炭进行清除。清除积炭时可将火花塞放入汽油或煤油中浸泡，待炭渣软化后，再用小刀细心地刮除。但应注意：切不可损坏电极和绝缘体。

③ 绝缘体损坏情况检查：仔细检查火花塞的瓷质绝缘体是否有裂纹或因脏污而漏电。若绝缘体不良，应更换火花塞。

④ 火花塞电极间隙的检查：用塞尺测量火花塞的间隙，其标准值一般为 0.6～0.8 mm。若间隙值不符合要求，应扳动侧电极进行调整。

⑤ 火花塞安装。

a. 先检查火花塞洁净完好，火花塞密封垫圈完整完好；

b. 将火花塞螺纹上涂一点高温润滑油，以方便下次拆卸；

c. 用套筒将火花塞对准螺孔，用手轻轻拧入，拧紧，再用加力杆紧固；若拧动时手感不畅，应退出，检查是否对正螺口或螺纹中有无夹带杂质，切不可盲目加力紧固，以免损伤螺孔，殃及缸盖，特别是铝合金缸盖；

d. 应按要求力矩拧紧，过松会造成漏气，过紧使密封垫失去弹性，同样会造成漏气；拧紧力矩约为 20～30 N·m。

2. 电子点火系统的检修(复习，选做)

1) 认知磁感应式电子点火系统的组成

磁感应式电子点火系统由电源、点火开关、磁感应式分电器总成(内装磁感应式点火信号发生器)、点火控制器(点火模块)、高能点火线圈、火花塞等组成。

2) 磁感应式电子点火系统的检测

(1) 磁感应式信号发生器的检测。

① 用万用表测量分电器的信号发生器线圈引出线头间的阻值，正常为 600～800 Ω。

② 检查信号发生器线圈的绝缘情况。

③ 定子与转子爪极间隙为 0.4 mm。

(2) 高能点火线圈的检测。

用万用表检查点火线圈的初、次级绕组是否有断路或绝缘损坏，其阻值应符合标准。

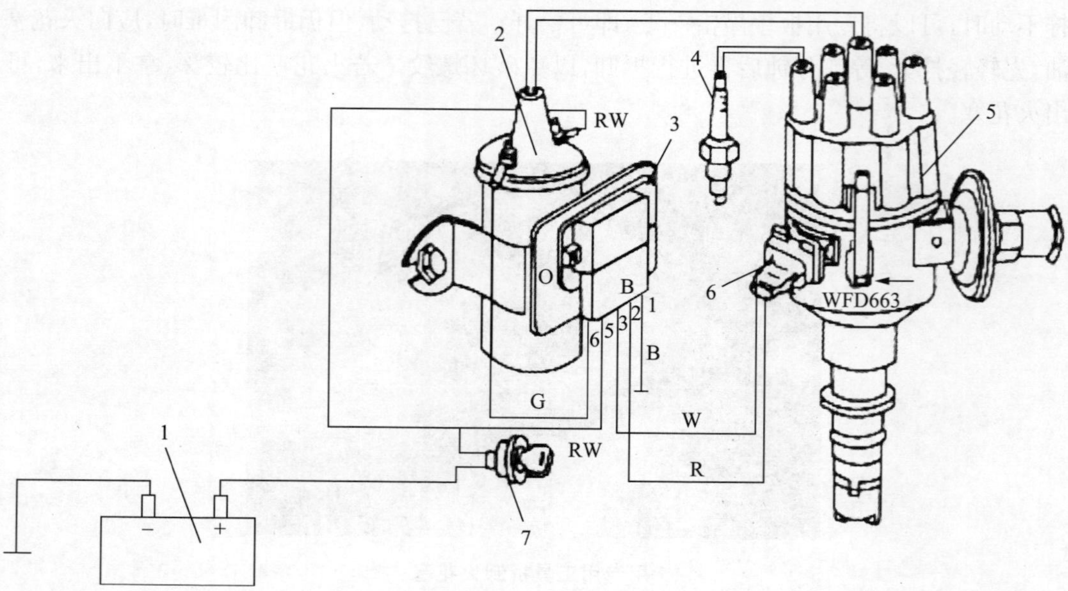

磁感应电子点火系统的组成

1—蓄电池；2—点火线圈；3—点火控制器；4—火花塞；5—分电器；
6—磁感应式信号发生器；7—点火开关

级绕组阻值为 0.7～0.8 Ω；次级绕组阻值为 3～4 kΩ。

3) 认知霍尔式电子点火系统的组成

霍尔式电子点火系统由电源、点火开关、点火控制器（点火模块）、高能点火线圈、霍尔分电器总成（内装霍尔式点火信号发生器）、火花塞等组成。

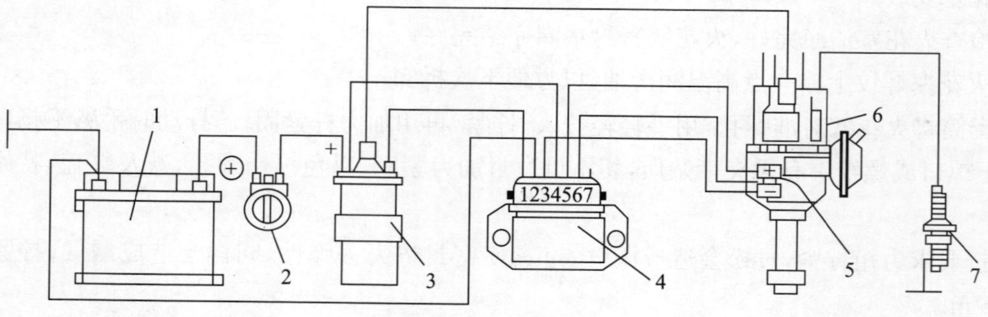

霍尔式电子点火系统的组成

1—蓄电池；2—点火开关；3—点火线圈；4—点火控制器；5—霍尔信号发生器；6—分电器；7—火花塞

4) 霍尔式电子点火系统的检修

(1) 点火控制器电源电压检查。

拔下点火器插头，万用表置 20DCV 档接在插头的端子 4、2 之间，点火开关打开，应指示电源电压。

(2) 点火控制器通断检查。

关闭点火开关，插好点火器插头。拔下霍尔信号发生器插头，万用表置 20DCV 档接在点火线圈接线柱“+”和“−”上；点火开关打开，电压不低于 2 V，并在 1～2 s 后回落到 0（瞬显），否则应更换点火控制器。

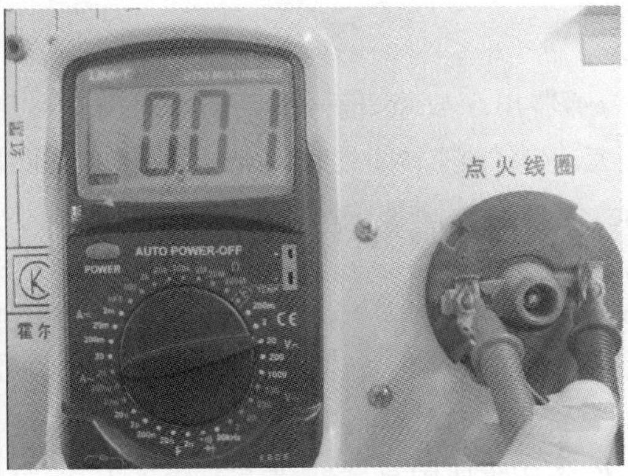

点火控制器通断检查

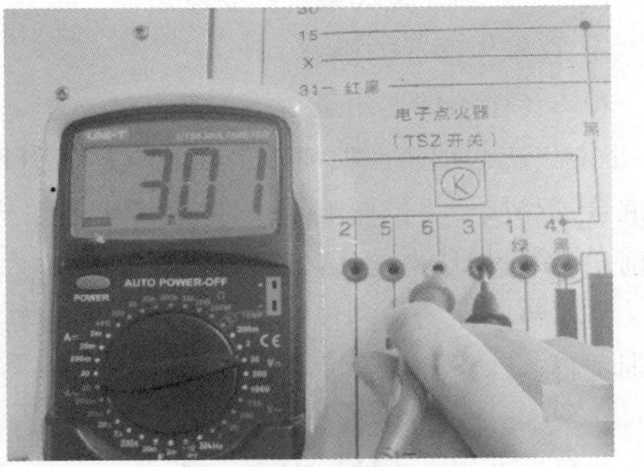

霍尔传感器的检查

(3) 霍尔信号发生器的检查。

将点火开关关闭，打开分电器盖，拔出点火线圈上的中央高压线；将电压表两探针接在霍尔信号发生器插头 3、5 端子之间，应有 5 V 工作电压，如没有应检查导线及点火控制器；再将电压表两探针接在信号线(绿白线)和搭铁线(棕白线)之间(或控制器插头端子 3、6 之间)；点火开关打开，转动发动机，观察电压表读数，当触发叶轮的叶片在空气隙时，其电压值为 2～9 V；当触发叶轮的叶片不在空气隙时，其电压值为 0.3～0.4 V。若与标准不符，则应更换霍尔传感器。

3. 电子控制单元控制的点火系统

1) 单缸独立点火系统

(1) 认知单缸独立点火系统的组成。

单缸独立点火系统由传感器、发动机控制单元(ECU)、点火器、点火线圈、火花塞等组成。点火线圈和点火控制器组成一个点火总成件，帕萨特 B5 是 4 缸，所以有 4 个点火总成件，各缸的点火总成件独立控制各缸的点火。

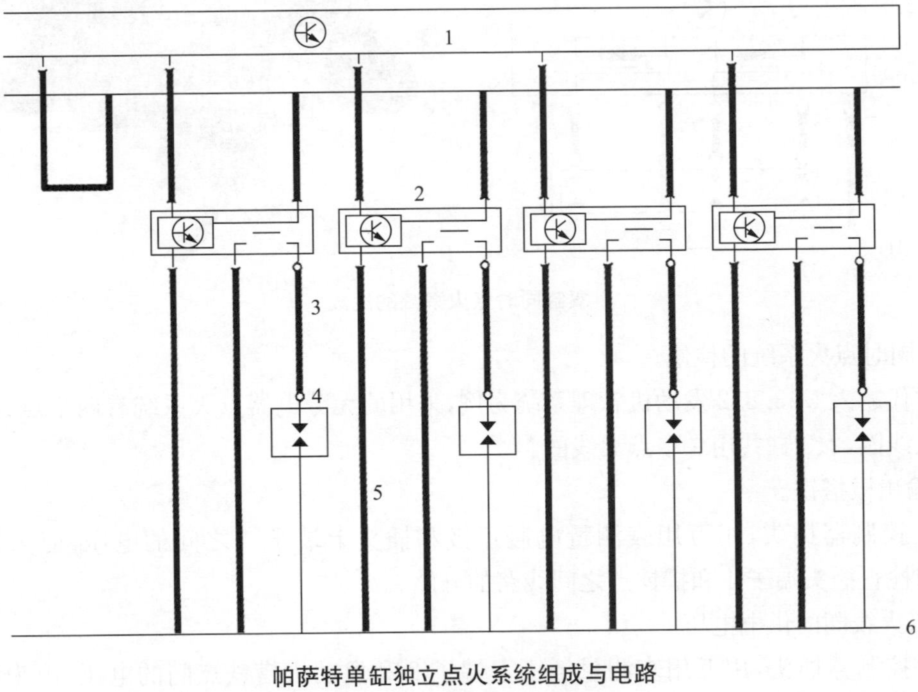

帕萨特单缸独立点火系统组成与电路

1—ECU；2—点火线圈与点火控制器；3—高压线；4—火花塞；5—导线；6—接地

(2) 单缸独立点火系统的检修。

① 霍尔传感器的检测。

霍尔传感器的作用是指示 1 缸点火位置。如果霍尔传感器出现故障，信号中断时，发动机会继续运转，也能再次起动。但喷油不是在进气门打开时完成，而是在进气门关闭之前完成，即喷油时间增长。对混合气品质产生的影响很小，不会影响发动机总体性能，但爆震控制被关闭，控制单元控制减小点火提前角，涡轮增压器的压力也下降。

霍尔传感器的检测包括霍尔传感器供电电源、霍尔传感器搭铁、霍尔传感器信号及连接导线，详见实训项目二。

② 点火总成件的检修。

如果发动机产生缺缸现象，怀疑某缸工作不良或不工作的故障原因是该缸点火总成件损坏，可用互换法检查，即把怀疑损坏的点火总成件与其他任意一个点火总成件对换，如互换后该缸运行良好，则该缸的点火总成件损坏。

点火总成件的插头有 4 个端子，12 V 电源、点火控制端、点火控制器搭铁、高压回路搭铁。拔下插头，依次检查 4 个端子。

2) 双缸同时点火系统

(1) 认知双缸同时点火系统的组成与电路。

双缸同时点火系统由传感器、电子控制器(ECU)、点火器、点火线圈、火花塞等组成。

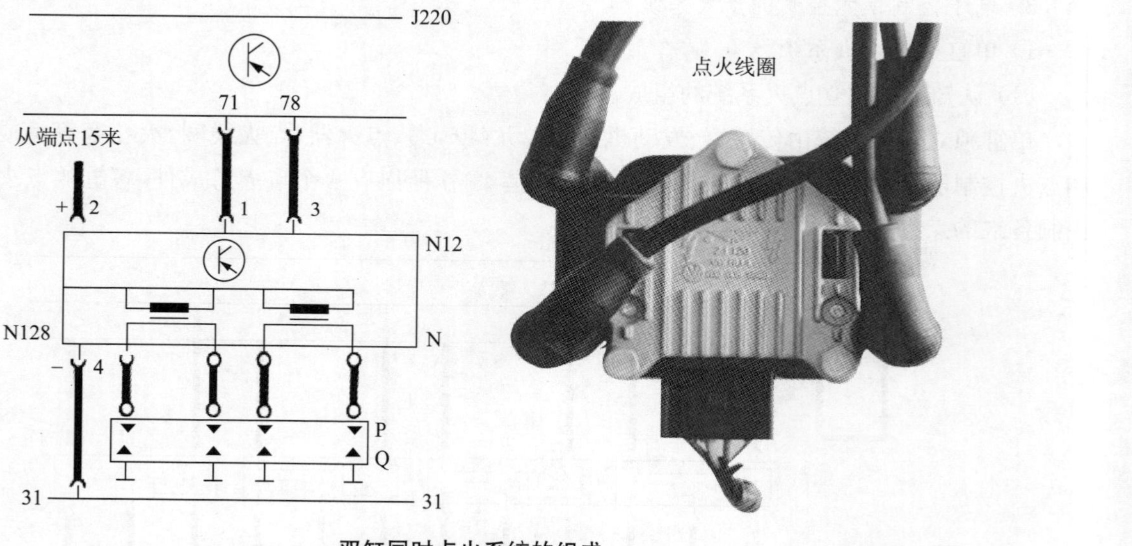

双缸同时点火系统的组成

(2) 双缸同时点火系统的检修。

以大众时代超人 M 3.8.2 发动机管理系统为例，采用的无分电器点火系统有两个点火线圈，1、4 缸共用一个点火线圈，2、3 缸共用一个点火线圈。

① 测量输出极搭铁。

拔下点火控制器插头，用万用表测量电瓶正极和插头上端子 4 之间的电压，应为电瓶电压(约 12 V)，否则应检查插头端子 4 和搭铁点之间线路的开路。

② 测量点火线圈的供电电压。

拔下点火控制器插头，用万用表测量插头上端子 2 和发动机搭铁点间的电压，应为电瓶电压(约 12 V)，否则应检查点火开关与端子 2 之间线路的开路。

③ 测量点火线圈工作情况。

拔下点火控制器插头和四个喷油器的插头，打开点火开关，用万用表分别测量点火线圈插头上端子1和3与发动机搭铁点间的电压，起动起动机数秒钟，应有0.4 V左右电压出现。

用二极管试灯接点火控制器1和4端子，3和4端子，起动时二极管试灯应闪烁。

④ 用万用表测量点火控制器插头和ECU线束插头之间的电阻，电阻应小于1 Ω。

⑤ 从点火控制器上拔下插头，从火花塞端拔下点火高压线，用万用表从点火高压线测量高压线和点火线圈次级线圈的阻值，规定为4～6 kΩ。用这种方法也测量了点火线的抗干扰电阻。

⑥ 高压火跳火试验能检测有无高压火及点火能量。

二、工作页

1. 观察实训中心各整车的点火系统类型，并填入下表。

序号	车辆型号	17位编码	点火系统类型
1			
2			
3			
4			

2. 检测双缸同时点火系统。

1）检测双缸同时点火控制器的插头端子，分析作用。

端子编号	导线颜色	作　用	KEY ON时电压/V	检测分析
1				
2				
3				
4				

2）检测点火线圈与高压线

检测项目	检测电阻/kΩ	检测分析
1、4 缸高压线端		
2、3 缸高压线端		
1 缸高压线		
2 缸高压线		
3 缸高压线		
4 缸高压线		

3）检测点火控制器的工作。

检测端子	KEY ON 时电压/V	起动时二极管试灯状态	检测分析
1、4			
3、4			

3. 检测单缸独立点火系统。

1）检测单缸独立点火控制器端子，分析作用。

端子编号	导线颜色	作　用	KEY ON 时电/V	检测分析
1				
2				
3				
4				

2）检测点火控制器控制端的工作。

检　测	KEY ON 时电压/V	起动时二极管试灯
第 1 缸		
第 2 缸		
第 3 缸		
第 4 缸		

4. 点火系统故障诊断与排除。

(1) 双缸点火系统故障诊断与排除。

案例一：

故障现象：

故障分析：

故障诊断与排除步骤：

结论与分析：

案例二：

故障现象：

故障分析：

故障诊断与排除步骤：

结论与分析：

(2) 单缸独立点火系统故障诊断与排除。

案例一：

故障现象：

故障分析：

故障诊断与排除步骤：

结论与分析：

案例二：

故障现象：

故障分析：

故障诊断与排除步骤：

结论与分析：

三、复习思考题

1. 双缸同时点火系统中的第 1 缸高压线断路，第 4 缸是否有火（实践检验）？为什么？

2. 二极管试灯接双缸同时点火控制器的第 2 缸控制端，起动时试灯不闪烁，如何检测判断故障原因？

3. 双缸同时点火控制器的底部直接紧贴安装在缸体上插头有 3 个端子，试分析 3 个端子的功能。

4. 能否检测单缸独立点火系统点火线圈的初级线圈阻值？为什么？

附表

时代超人点火系统技术数据

发动机代号	AJR
点火系统形式	双缸同时点火系统
火花塞拧紧力矩	30 N·m
火花塞电极间隙	0.9～1.1 mm
火花塞插头	电阻约为 0.5 kΩ
点火次序	1-3-4-2
由电脑控制切断的最高极限转速	6 400 r/min
点火提前角不能调整，由发动机控制单元决定	

通用车系 C3I、DIS 和 IDI 点火系统点火线圈阻值

型　式	初级线圈电阻/Ω	次级线圈电阻/kΩ
C3I Ⅰ型	0.35～1.5	10～14
C3I Ⅱ型	0.35～1.5	5～7
C3I Ⅲ型	0.35～1.5	10～14
DIS 与 IDI 型	0.35～1.5	5～7

实训六　废气排放控制系统检修

姓名：＿＿＿＿＿＿　　班级：＿＿＿＿＿＿　　日期：＿＿＿＿＿＿

一、实训指导

(一) 实训目标

1. 熟悉电控发动机废气排放控制系统的基本组成及安装位置；
2. 学会使用解码器诊断废气排放控制系统的故障；
3. 学会使用解码器的元件测试功能，对炭罐电磁阀以及 EGR 阀进行测试；
4. 学会分析废气排放控制系统常见故障的产生原因及排除方法。

(二) 安全要求及注意事项

1. 实训汽车停在实训工位上，没有经过老师批准不准起动。经老师批准起动，首先应先检查车轮的安全顶块是否放好，汽车手制动是否拉好，排挡杆是否放在 P 挡(A/T)或空挡(M/T)，车前没有人；
2. 发动机运行时不准用手触碰旋转件及风扇；
3. 点火开关接通时，不能连接或拔下检测仪的诊断插头，以防损坏检测仪器；
4. 万用表功能档位开关必须放置正确的位置，以防损坏万用表。

(三) 设备/工具/耗材要求

设备：帕萨特乘用车一台或台架一台，凯越乘用车一辆，其他电控整车或发动机台架。
工具：探针一根。
仪器：元征 X-431 解码器或其他诊断仪一台，数字万用表一个。
耗材：无。

(四) 实训操作指导

1. 认知废气排放控制系统的基本组成及安装位置

废气排放控制系统由汽油蒸发控制系统、废气再循环控制系统、氧传感器及三元催化净化器(TWC)、二次空气喷射系统和曲轴箱强制通风系统等组成。

活性炭罐(大众 AJR)

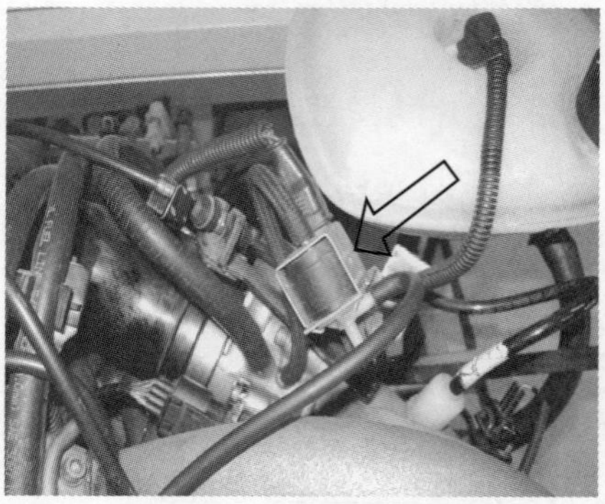

活性炭罐电磁阀(大众 AJR)

EGR 阀(别克凯越)

二次空气泵(帕萨特)

2. 汽油蒸发控制系统的检修

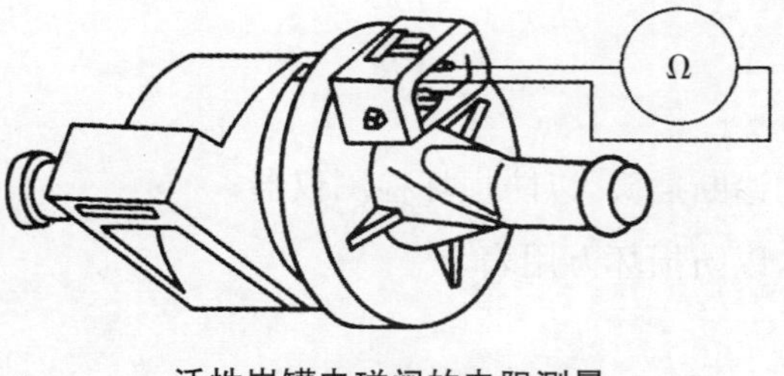

活性炭罐电磁阀的电阻测量

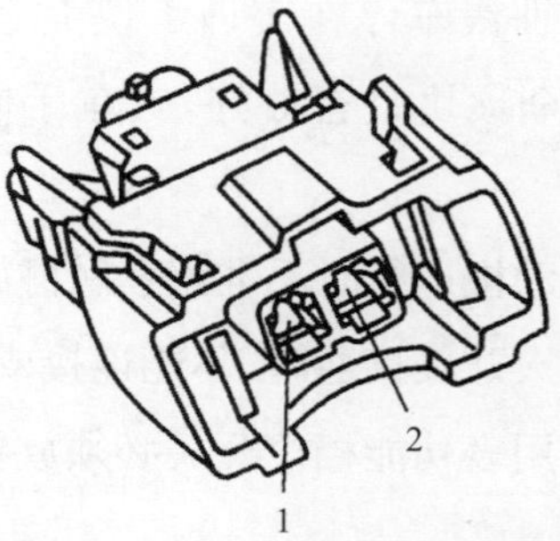

活性炭罐电磁阀插头

1) 活性炭罐的检查

检查管路有无破损或漏气,活性炭罐壳体有无裂纹,每 20 000 km 应更换炭罐底部的进气滤芯(大众)。

2) 活性炭罐电磁阀的检修。

(1) 发动机运行时,用手触摸活性炭罐电磁阀,应有明显的振动感,关闭点火开关,应能听到电磁阀关闭的声音。

(2) 动作检测(大众车)。

二极管试灯接活性炭罐电磁阀插头的二个端子,诊断仪进入发动机系统→"执行元件诊断",选择活性炭罐电磁阀(N80),这时试灯应闪亮。

(3) 电气性能检测。

① 检测活性炭罐电磁阀的电阻。

关闭点火开关,拔下活性炭罐电磁阀插头,测量电磁阀两端之间的电阻,标准值为 22~33 Ω。

② 检测活性炭罐电磁阀的供电电源。

二极管试灯接活性炭罐电磁阀插头的端子1，试灯应亮，万用表测应显示为12 V。

(4) 密封性检验。

给活性炭罐电磁阀供12 V电源，对准电磁阀吹气，检查电磁阀开、闭是否良好。

3. 废气再循环控制系统的检修

(1) 初步检查。

检查真空软管有无破损，接头处有无松动、漏气等。

(2) 废气再循环(EGR)控制阀的检查。

点火开关断开，拔下EGR控制电磁阀线束插头，用万用表欧姆档测量线圈电阻，一般为20～50 Ω。给EGR控制阀通电，检查打开、关闭是否正常。

(3) 诊断仪检测。

用诊断仪检测废气再循环(EGR)控制系统，应符合维修手册中的规定。

4. 三元催化净化器的检修

1) 外部检视

用举升机将汽车举起，检视汽车底部的三元催化净化器。

(1) 是否有松脱，表面是否受到过撞击损伤；

(2) 外壳是否有严重的褐色斑点、青色与紫色斑痕，或防护罩的中央有明显的暗灰色斑点，如有，说明三元催化净化器曾发生过热状态；

(3) 急加速时听三元催化净化器内部是否有破碎声，如有说明三元催化净化器内部的催化剂载体已破碎。

2) 检查排气管的排气压力是否过小，如排气压力过小，或三元催化净化器温度过高，说明三元催化净化器内部堵塞

3) 诊断仪检测(选做)

用诊断仪读取故障码，读取主氧传感器、副氧传感器的信号，或用示波器检测比较主氧传感器、副氧传感器的信号波形，可判断三元催化净化器的性能。

5. 二次空气喷射系统(选做)

检查二次空气喷射系统所有的管道和管接头有无漏气；单向阀是否良好，是否有废气倒流现象；二次空气吸入阀是否损坏；空气泵皮带是否老化磨损等。

二、工作页

1. 观察实训中心的各类型实车，认识废气排放控制系统的组成及其安装位置。

车　　型	废气再循环控制	汽油蒸发控制	三元催化净化器	二次空气喷射系统
______车	有　无	有　无	有　无	有　无
______车	有　无	有　无	有　无	有　无

(续表)

车　型	废气再循环控制	汽油蒸发控制	三元催化净化器	二次空气喷射系统
______车	有　无	有　无	有　无	有　无
______车	有　无	有　无	有　无	有　无
______车	有　无	有　无	有　无	有　无

2. 汽油蒸发控制系统的检修。

车型 1：______________________

活性炭罐的检修	检查管路有无破损或漏气	活性炭罐壳体有无裂纹	活性炭罐电磁阀的电阻	诊断仪检测分析
	良好　有故障	良好　有故障	良好　有故障	
废气再循环系统检修	真空软管破损，接头处松脱	EGR 控制阀线圈电阻	EGR 控制阀	诊断仪检测分析
	良好　有故障	良好　有故障	良好　有故障	
三元催化净化器的检修	外表检视	是否过热	排气管的排气压力	诊断仪检测分析
	良好　有故障	良好　有故障	良好　有故障	
二次空气喷射系统检修	管道和管接头	单向阀	二次空气吸入阀	空气泵皮带
	良好　有故障	良好　有故障	良好　有故障	良好　有故障

车型 2：______________________________

活性炭罐的检修	检查管路有无破损或漏气	活性炭罐壳体有无裂纹	活性炭罐电磁阀的电阻	诊断仪检测分析
	良好　有故障	良好　有故障	良好　有故障	
废气再循环系统检修	真空软管破损，接头处松脱	EGR 控制阀线圈电阻	EGR 控制阀	诊断仪检测分析
	良好　有故障	良好　有故障	良好　有故障	
三元催化净化器的检修	外表检视	是否过热	排气管的排气压力	诊断仪检测分析
	良好　有故障	良好　有故障	良好　有故障	
二次空气喷射系统检修	管道和管接头	单向阀	二次空气吸入阀	空气泵皮带
	良好　有故障	良好　有故障	良好　有故障	

三、复习思考题

1. 画出控制原理图并写出工作条件。

系　　统	废气再循环控制系统	汽油蒸发控制系统	二次空气控制系统
控制原理图			
工作条件			

2. 废气再循环阀关闭不严的故障原因是什么？将造成什么故障？

3. 如何检查汽油蒸发控制阀？

4. 燃油箱左右及下部产生凹瘪，故障原因是什么？

5. 三元催化净化器堵塞有什么故障现象？如何检查判断三元催化净化器堵塞？

实训七　汽油发动机电控系统故障诊断

姓名：__________　　班级：__________　　日期：__________

一、实训指导

(一) 实训目标

1. 熟练掌握万用表、诊断仪、示波器的使用方法；
2. 能够使用诊断仪分析数据流，根据数据流判断故障原因；
3. 能够使用示波器检测输入、输出波形，根据波形分析判断故障原因；
4. 熟悉汽油发动机电控系统常见故障现象与原因；
5. 熟悉汽油发动机电控系统常见故障的诊断与排除方法。

(二) 安全要求及注意事项

1. 实训汽车停在实训工位上，没有经过教师批准不准起动。经教师批准起动，首先应先检查车轮的安全顶块是否放好，汽车手制动是否拉好，排挡杆是否放在P挡(A/T)或空挡(M/T)，车前没有人；
2. 发动机运行时不能把手伸入发动机室，防止造成意外事故；
3. 没有经过老师批准不允许随意连接或拔下电控元器件；
4. 点火开关接通时，不允许连接或拔下电控系统元器件的插头；
5. 禁止使用起动电源辅助起动发动机，防止损坏电控系统元件；
6. 注意各车型线束插头的锁扣形式，不可盲目用力硬拉；
7. 检测电控系统必须使用高阻抗数字万用表；
8. 按操作规范正确使用诊断仪和示波器；
9. 严格按照举升机操作规范操作，举升机升降时严禁站在车底下；
10. 在车底下作业时注意安全，防止被排气管烫伤。

(三) 设备/工具/耗材要求

设备：电控汽油发动机整车一辆或台架一个。

工具：高阻抗数字万用表一个，发光二极管试灯，汽车专用示波器一台，X-431解码器(或其他诊断仪)一个，常用工具一套。

耗材：抹布。

(四) 实训操作指导

1. 树状表达法故障诊断

(1) 无法起动。

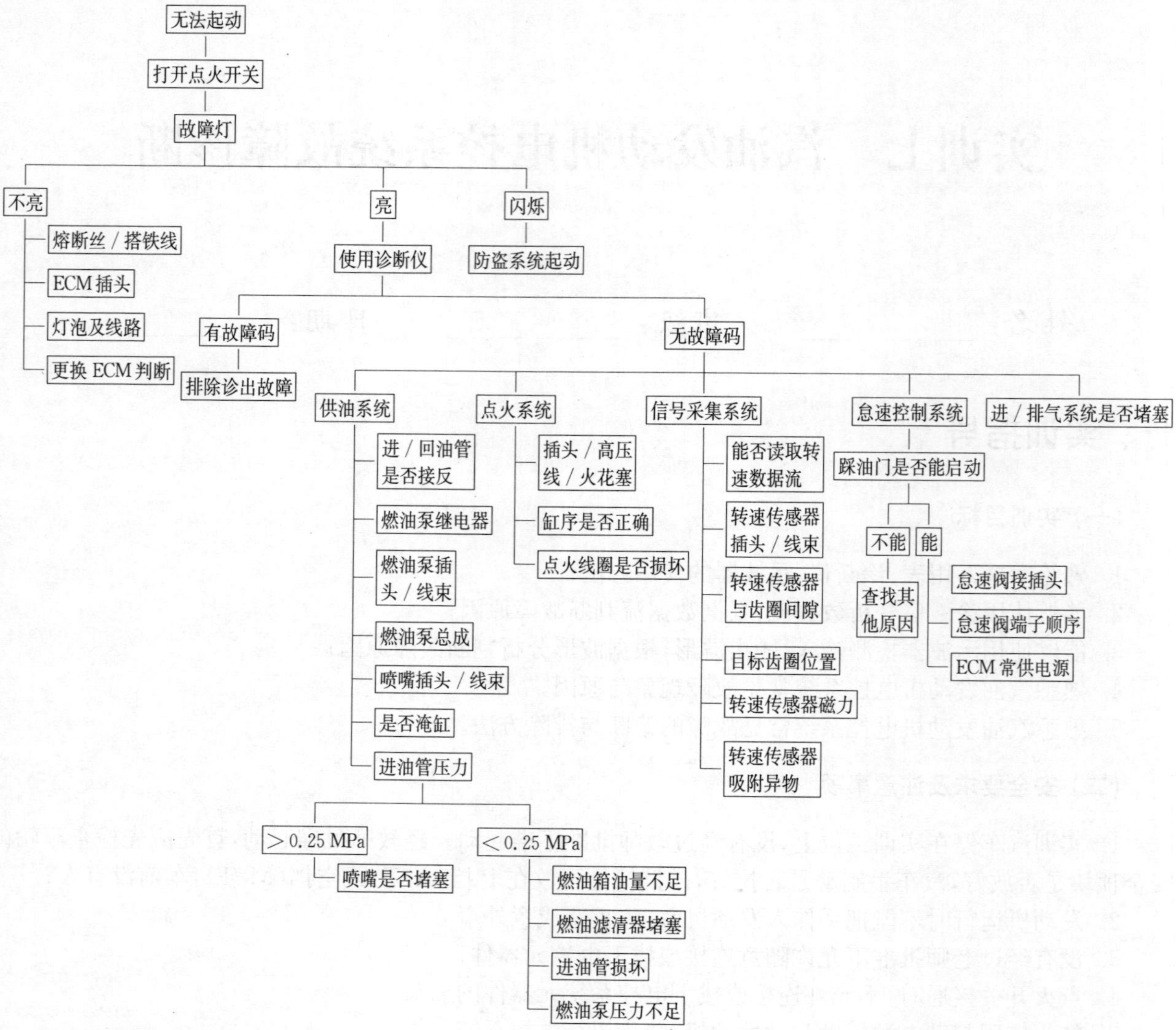
无法起动
打开点火开关
故障灯
不亮
亮
闪烁
熔断丝 / 搭铁线
ECM 插头
灯泡及线路
更换 ECM 判断
使用诊断仪
防盗系统起动
有故障码
排除诊出故障
无故障码
供油系统
点火系统
信号采集系统
怠速控制系统
进 / 排气系统是否堵塞
进 / 回油管是否接反
燃油泵继电器
燃油泵插头 / 线束
燃油泵总成
喷嘴插头 / 线束
是否淹缸
进油管压力
插头 / 高压线 / 火花塞
缸序是否正确
点火线圈是否损坏
能否读取转速数据流
转速传感器插头 / 线束
转速传感器与齿圈间隙
目标齿圈位置
转速传感器磁力
转速传感器吸附异物
踩油门是否能启动
不能
能
查找其他原因
怠速阀接插头
怠速阀端子顺序
ECM 常供电源
＞0.25 MPa
喷嘴是否堵塞
＜0.25 MPa
燃油箱油量不足
燃油滤清器堵塞
进油管损坏
燃油泵压力不足

(2) 排放异常

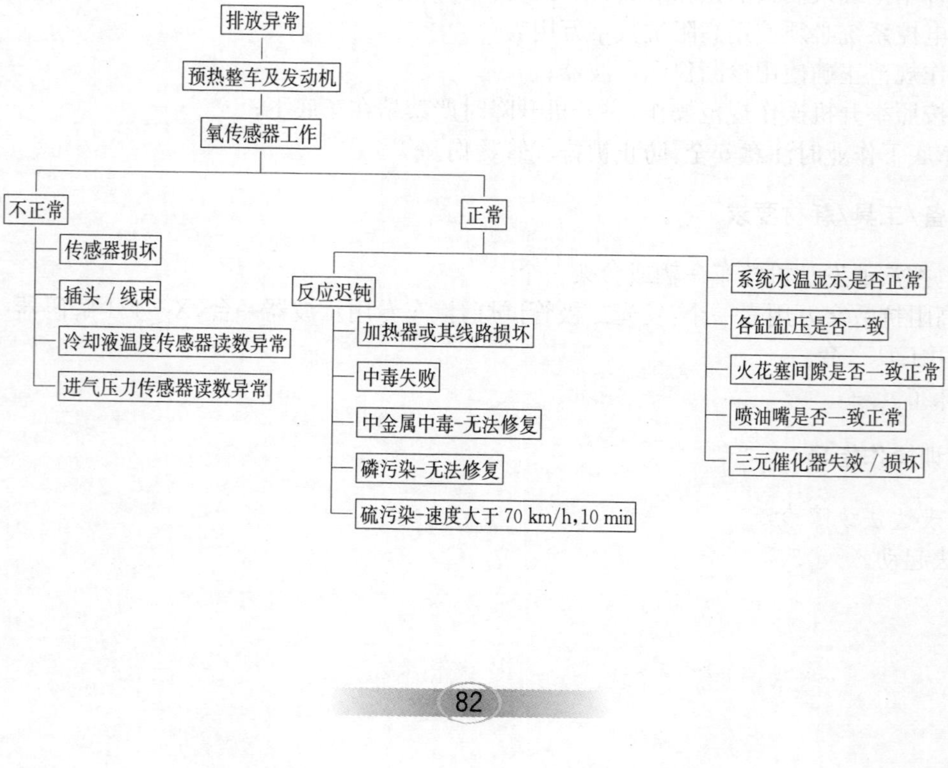
排放异常
预热整车及发动机
氧传感器工作
不正常
正常
传感器损坏
插头 / 线束
冷却液温度传感器读数异常
进气压力传感器读数异常
反应迟钝
加热器或其线路损坏
中毒失败
中金属中毒-无法修复
磷污染-无法修复
硫污染-速度大于 70 km/h,10 min
系统水温显示是否正常
各缸缸压是否一致
火花塞间隙是否一致正常
喷油嘴是否一致正常
三元催化器失效 / 损坏

2. 表格表达法故障诊断(别克君威汽车)

故障：DTC P1107 进气岐管绝对压力(MAP) 传感器电路间断电压过低。

1) 电路图说明

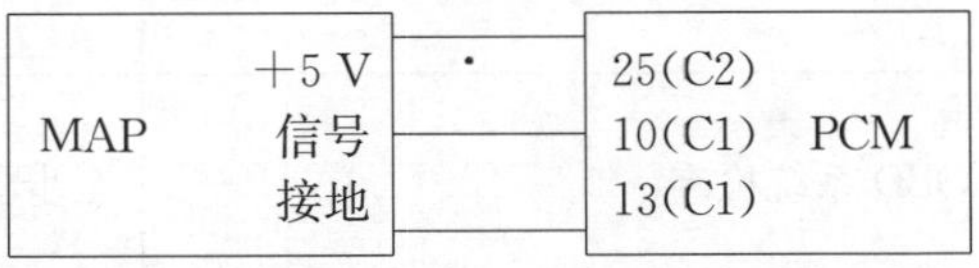

进气岐管绝对压力传感器响应进气歧管空气压力的变化(真空度)。对动力系统控制模块(PCM)的进气歧管绝对压力传感器信号电压从怠速(高真空)的 2 V 以下和直火开关打开，发动机不运行或自动变速器节气门全开(WOT)(低真空)的 4 V 以上之间变化。当废气再循环流量测试诊断运行时，进气歧管绝对压力传感器用于决定歧管压力的改变，参照 DTC P0401 废气再循环 EGR 流量不足。也更新气压读数，作为其他诊断的启动因素。动力系统控制模块监视岐管绝对压力信号，看电压是否超出岐管绝对压力传感器正常范围，若动力系统控制模块检测到进气歧管绝对压力信号电压间断过低，会设置 DTC P1107。

2) 运行诊断故障码的条件

(1) 节气门位置诊断故障代码未出现；

(2) 点火起动开关接通；

(3) 若发动机车速低于 1 000 r/min，节气门角度稳定在 0%以上；

(4) 若发动机车速高于 1 000 r/min，节气门角度稳定在 10%以上。

3) 设置诊断故障码的条件

进气歧管绝对压力传感器间断指示低于 0.1 V 的电压。

4) 设置诊断故障码采取的行动

(1) 动力系统控制模块将不启亮故障指示灯；

(2) 当诊断故障代码仅设置为故障记录数据时，动力系统控制模块会储存存在状态。该信息将不作为冻结故障状态数据储存。

5) 清除故障指示灯/诊断故障码的条件

(1) 经 40 个无故障预热循环后则清除以往诊断故障代码；

(2) 诊断故障代码可用故障诊断仪清除。

6) 诊断帮助

检查下列状况。

(1) 动力系统控制模块和进气歧管绝对压力传感器的接触不良。

① 检查动力系统控制模块线束插头；

② 端子松脱；

③ 匹配接合不良；

④ 锁片断裂；

⑤ 端子变形或损坏；

⑥ 端子与导线接触不良。

(2) 线束损坏。

检查线束是否损坏，若线束看似正常，在移动与传感器相关的插头和线束的同时，观察故障诊断仪上的岐管绝对压力显示，如果显示出现变化，表明该部位有故障，如果诊断故障代码不能再现，并确定为间断症状，查看故障记录有助于确定诊断故障代码最后设置的时间。参考维修手册“线路系统”中“测试间断症状和接触不良”,如下表。

步骤	操　　作	数值	是	否
1	是否执行了动力系车载诊断OBD系统检查	—	至步骤2	动力系车载诊断系统检查
2	是否还设置了DTC P0107	—	至DTC P0107进气岐管绝对压力(MAP)传感器电路电压过低至	步骤3
3	是否还设置了DTC P1122	—	至步骤7	至步骤4
4	检查进气岐管绝对压力传感器地线束接头的接触不良,参见“线路系统”中“测试间断故障和接触不良”及“接头维修”,是否发现了故障并予以排除	—	至步骤9	至步骤5
5	检查动力系统控制模块的5V,参照A电路进气岐管绝对压力传感器的接触不良。参见“线路系统”中“测试间断故障和接触不良”及“接头维修”,是否发现了故障并予以排除	—	至步骤9	至步骤6
6	检查动力系统控制模块的进气岐管绝对压力传感器信号电路的接触不良。参见“线路系统”中“测试间断故障和接触不良”及“接头维修”,是否发现了故障并予以排除	—	至步骤9	至步骤7
7	检查进气岐管绝对压力传感器的5V,参照A电路的间断地开路或接地短路。参见“线路系统”中“电路测试”和“导线修理”,是否发现了故障并予以排除	—	至步骤9	至步骤8
8	测试进气岐管绝对压力传感器信号电路的间断短路或接地短路。参见“线路系统”中“电路测试”和“导线修理”,是否发现了故障并予以排除	—	至步骤9	至诊断帮助
9	① 使用故障诊断仪以清除诊断故障代码 ② 按支持文件中的规定在运行诊断故障代码条件内操作车辆 诊断故障代码是否重新设定	—	至步骤2	系统正常

二、工作页

车型:______________________

1. 故障排除案例一。

(1) 察看故障现象,在下表相应序号上打“√”。

序号	故障现象	有故障的打“√”	序号	故障现象	有故障的打“√”
1	无法起动		5	怠速过高	
2	难起动		6	怠速过低	
3	怠速抖动(不缺缸)		7	怠速失速	
4	怠速抖动(缺缸)		8	加速不良	
9	急加速不良		13	排气管冒黑烟	
10	加油门熄火		14		
11	发动机回火		15		
12	排气管放炮		16		

(2) 故障诊断与排除方法与步骤。

步骤	操作内容	说　明
1		
2		
3		
4		
5		
6		
7		
8		
9		
10		

（3）故障诊断与排除操作。

步骤	操作内容	检测数值（波形）	标准数值（波形）	是	否

（4）总结与体会。

2. 故障排除案例二。

(1) 察看故障现象，在下表相应序号上打“√”。

序号	故障现象	有故障的打“√”	序号	故障现象	有故障的打“√”
1	无法起动		9	急加速不良	
2	难起动		10	加油门熄火	
3	怠速抖动(不缺缸)		11	发动机回火	
4	怠速抖动(缺缸)		12	排气管放炮	
5	怠速过高		13	排气管冒黑烟	
6	怠速过低		14		
7	怠速失速		15		
8	加速不良		16		

(2) 故障诊断与排除方法与步骤。

步骤	操作内容	说　明
1		
2		
3		
4		
5		
6		
7		
8		
9		
10		

（3）故障诊断与排除操作。

步骤	操作内容	检测数值（波形）	标准数值（波形）	是	否

（4）总结与体会。

三、复习思考题

1. 哪些传感器信号不正确会造成电控汽油发动机怠速不稳的故障?

2. 某发动机急加速熄火,用树状表达法写出诊断方法。

3. 发动机某缸不工作,用树状表达法写出诊断方法。

4. 某发动机加速不良,用表格表达法写出诊断方法。

5. 填写故障原因。

序号	故障现象	故障原因
1	冷车难起动	
2	怠速抖动(不缺缸)	
3	松开油门熄火	
4	踩刹车熄火	
5	油耗大	

实训八　电控柴油机燃油系统检测与故障诊断

姓名：__________　　班级：__________　　日期：__________

一、实训指导

（一）实训目标

1. 识别电控柴油喷射系统的组成部件；
2. 熟悉电控柴油喷射系统的控制电路；
3. 能对高压共轨燃油喷射系统作简单检查；
4. 能够进行发动机管理系统的检测。

（二）安全要求及注意事项

1. 实训设备没有经过老师批准不准起动，起动前首先应检查试验台的各个部件是否安装稳定可靠，冷却液、机油、蓄电池电压是否满足起动要求。

2. 运行发动之前应检查发动机各个部位是否存在故障，如冷却液、机油渗漏等故障现象，应检查排除后方可正常运行。

3. 发动机运行时不能把手伸入发动机室，防止造成意外事故。

4. 没有经过老师批准不允许随意连接或拔下电控元器件。

5. 点火开关接通时，不允许连接或拔下电控系统元器件的插头。

6. 蓄电池的极性不能接反，否则将烧毁 ECU 与电子元器件。

7. 禁止使用起动电源辅助起动发动机，防止损坏电控系统元件。

8. 注意各车型线束插头的锁扣形式，不可盲目用力硬拉。

9. 检测电控系统必须使用高阻抗数字万用表。

10. 正确使用仪器设备，使用万用表时应特别注意选择正确的档位，万用表不能测量高压侧电压。

11. 在发动机运转时不允许进行高压油路的检查。

12. GW2.8TC 柴油机不允许进行断缸试验。

（三）设备/工具/耗材要求

设备：长城 GW2.8TC 型高压共轨柴油电控发动机试验一台。

工具：常用工具一套，诊断仪一台，示波器一台，高阻抗数字万用表一台。

耗材：抹布，润滑脂，柴油。

（四）实训操作指导

1. GW2.8TC 的含义

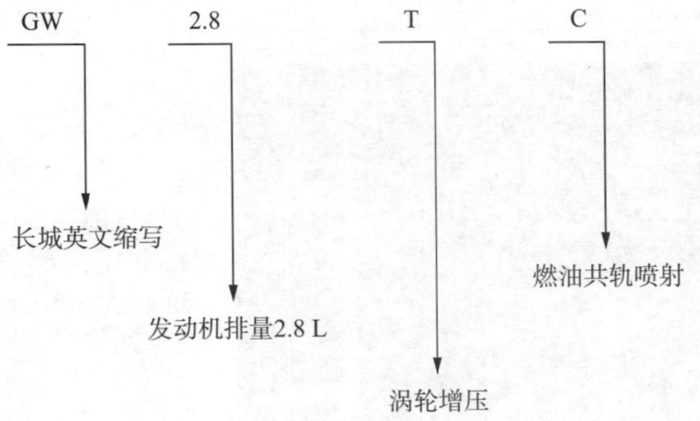

2. 燃油供给系统组成

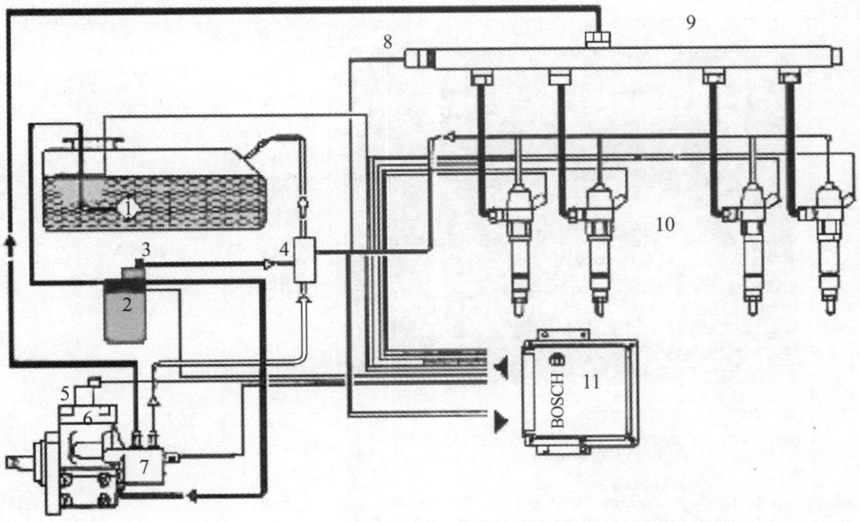

燃油供给系统

1—油箱；2—燃油滤清器；3—回油阀；4—回油三通；5—燃油计量比例阀；6—高压油泵；7—输油泵；8—共轨压力传感器；9—油轨；10—喷油器；11—控制单元(ECU)；12—粗滤器

3. 认识 GW2.8TC 高压共轨电控系统的组成

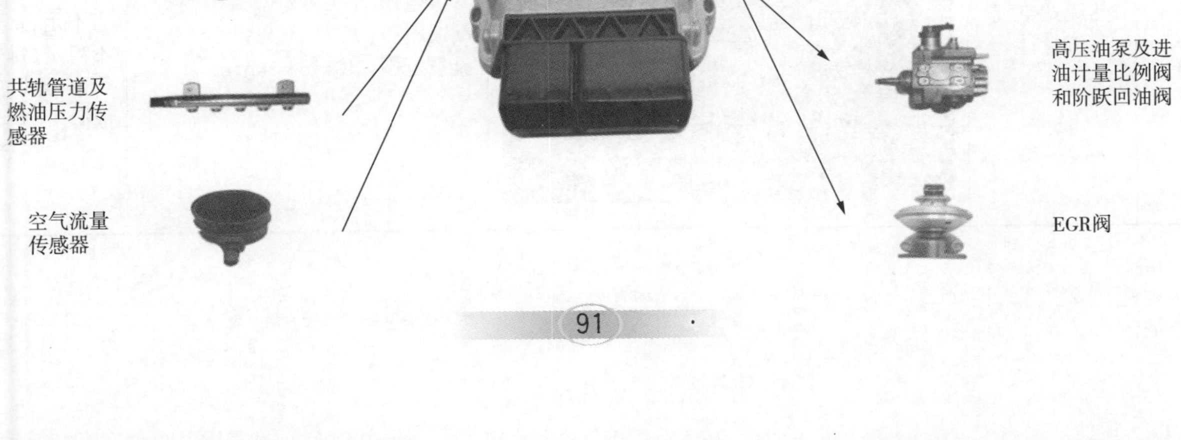

4. 认识共轨柴油发动机电控系统各元器件及安装位置

序号	元件名称	元件位置	参数特性	失效影响
1	曲轴位置传感器		测量范围：20～7 000 r/min 线圈电阻：860 Ω±10%(20℃) 线圈电感：370 mH±15%(1 kHz) 气隙间隙：0.3～1.8 mm	发动机ECU不能控制喷油，车辆无法起动
2	凸轮轴位置传感器		霍尔传感器 测速范围：0～4 500 r/min 气隙间隙：0.2～1.8 mm 供电电流：<10 mA 输出电流：≤20 mA	车辆起动困难、怠速时有抖动、急加速无力等故障
3	油门踏板位置传感器		供电电压：5±0.3 V APP1 电阻：1.2±0.4 kΩ APP2 电阻：1.7±0.8 kΩ	加速不良，加速无反应
4	热膜式空气流量计		参考电压：5±0.2 V 反馈电压：0.2～4.8 V 流量范围：40～640 kg/h	发动机加速不良，车辆动力不足、怠速不稳定、排气管冒黑烟等故障

(续表)

序号	元件名称	元件位置	参数特性	失效影响
5	冷却液温度传感器		参考电压：5±0.2 V 反馈电压：0.2～4.8 V 电阻值：186 Ω(20℃)～2.5 kΩ(100℃)	ECU 根据错误信号修正喷油量，造成空燃比不正确，导致冷车难起动、怠速高、油耗大等故障
6	喷油器		电压：0～12 V 脉冲变化 电阻值：0.22 Ω 左右	造成发动机某缸不工作或工作不良；发动机工作不稳
7	高压喷油泵		供油压力：0～150 MPa	发动机不能起动，或起动困难
8	EGR 阀			混合气混合比不正常或尾气排放超标

(续表)

序号	元件名称	元件位置	参数特性	失效影响
9	燃油共轨		供油压力：0～145 MPa	
10	进油计量比例阀		脉冲电压：6～32 V 频率：120～200 Hz 线圈电阻：2.6～3.9 Ω	不能起动； 起动熄火
11	预热塞		电压：6～14 V 线圈电阻值：2～15 Ω	冷车起动困难
12	涡轮增压器			加速不良； 起动困难

（续表）

序号	元件名称	元件位置	参数特性	失效影响
13	油水分离器		带手动泵，油水分离器，柴油加热器（流量 125 L/h），纸滤芯颗粒过滤率＞15 μm 100％，3～5 μm 94.5％。	起动困难，怠速不良，加速不良，容易熄火
14	燃油低压供油泵（依维柯）		工作电压：11～13.5 V	不能起动
15	共轨压力传感器		参考电压：5 V 反馈电压：0.5～4.5 V	发动机工作不良
16	低压输油泵燃油滤清器			无法进行低压传输和管路排气；影响燃油过滤功能

(续表)

序号	元件名称	元件位置	参数特性	失效影响
17	电控单元	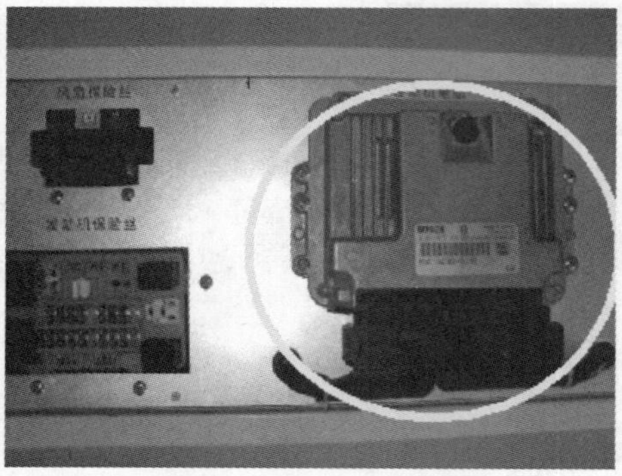	工作电压：11～13.5 V	起动困难； 不能起动； 工作不良

5. 供油系统控制功能

工作状态	输入参量	控制参量
起动油量	曲轴转速/发动机温度	供油量/供油起始时刻
驱动模式	加速踏板位置/发动机转速	供油量
怠速控制	挡位选择/发动机温度/额外负荷	供油量
平稳运转控制	发火时发动机转速变化	单缸供油量
供油量限制调节	进气量/发动机转速/冷却液温度等	供油量
主动喘振控制	加速踏板动作	供油量(平稳变化)
发动机停机		供油中断

6. 发动机正时调准

1. 两工艺螺栓孔对齐后，将工艺螺栓安装到位

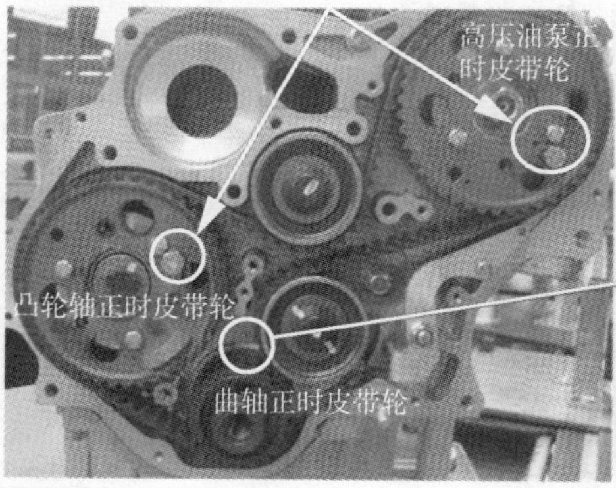

2. 皮带轮上正时标记与带轮室上的刻线对齐

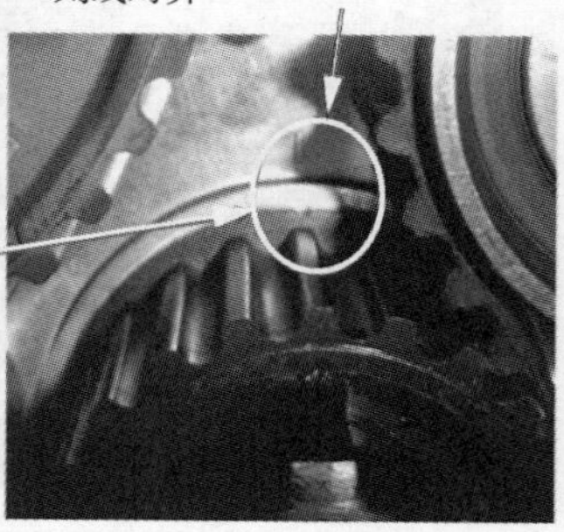

7. 熟悉长城 GW2.8TC 型高压共轨柴油电控发动机控制电路图

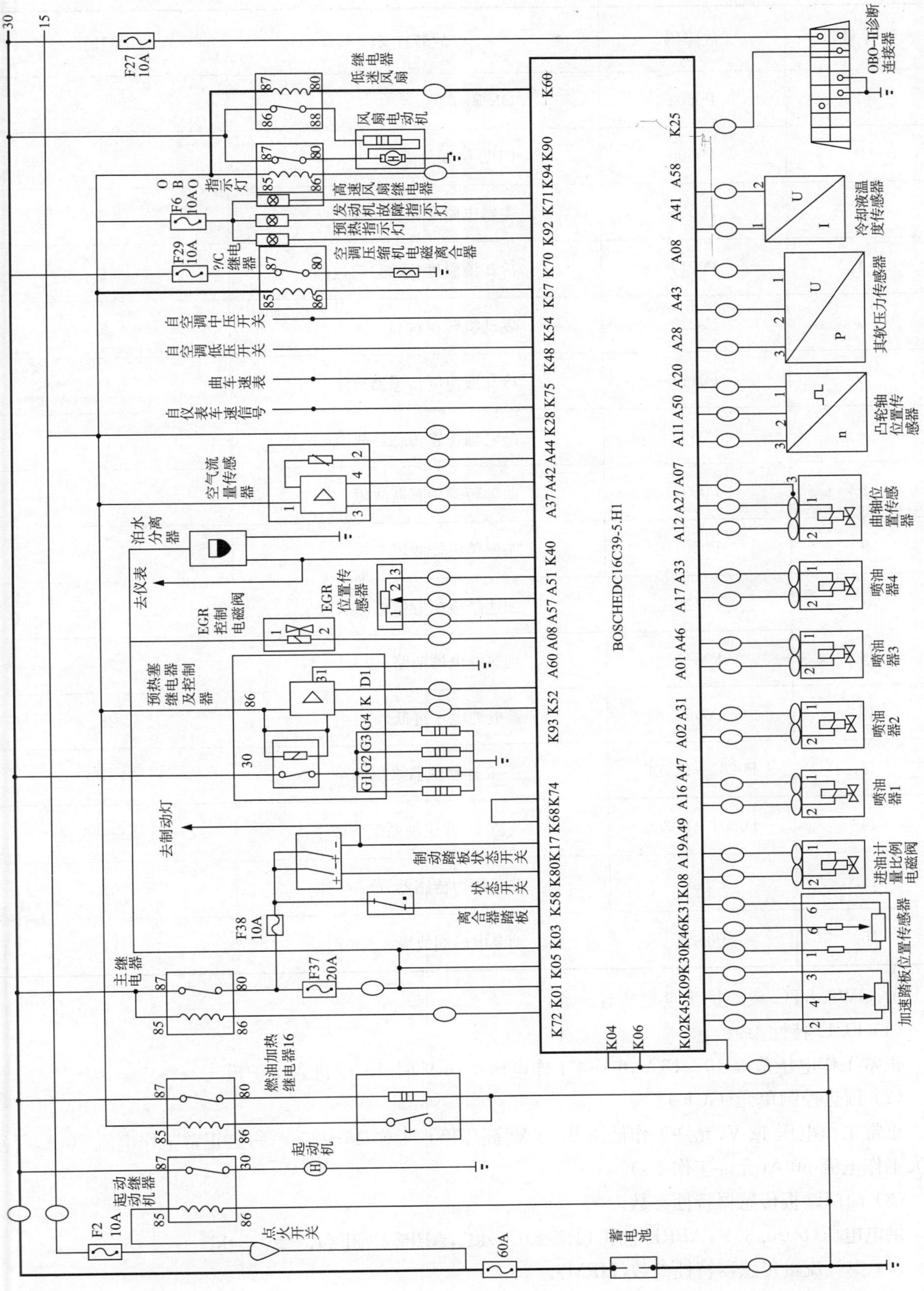

8. 长城 GW2.8TC 型高压共轨柴油电控发动机控制系统故障码(部分)

序号	故障码	故障含义	闪码
1	P0602	QR 码错误	2
2	P0606	CPU 错误故障	3
3	P0686	主继电路开路	5
4	P0217	冷却液温度(水温)超过高	6
5	P0219	发动机转速过高	7
6	P0117	冷却液温度传感器故障	11
7	P0342	凸轮轴位置传感器故障	12
8	P0337	曲轴转速传感器故障	13
9	P0501	车速传感器故障	21
10	P0120	加速踏板位置传感器故障	22
11	P0541	预热继电器断路	25
12	P0562	蓄电池电压过低	26
13	P0201—P0206	1～6 缸喷油器线圈断路	51～55
14	P0301—P0306	气缸 1～6 供油系统失败	61～65
15	P0139	共轨压力传感器故障	67
16	P0628	油泵电磁阀故障	71

9. GW2.8TC 柴油机博世电喷件参数

(1) ECU 特性参数。

正常工作电压范围 10～16 V,6 V<工作电压<16 V 时,ECU 进入保护模式。

(2) 预热控制单元(GCU)。

正常工作电压 12 V,允许工作低压 6～8 V,高压停止工作 16～25 V,每缸正常工作电流 10 A,每缸最大工作电流 30 A(允许工作 1 s)。

(3) 油门踏板传感器特性参数。

供电电压(5±0.3)V,APP1 电阻 (1.2±0.4)kΩ,APP2 电阻 (1.7±0.8)kΩ。

(4) 空气流量传感器特性参数(HPM)。

正常工作电压 14 V,允许工作电压 7.5～17 V,正常电流(允许工作电压范围内)<0.06 A,最大电

流(允许工作电压范围内)<0.1 A。

(5) 冷却液温度传感器特性参数。

−10 C°时最小与最大电阻为 8.642 kΩ 和 10.152 kΩ;+20 C°时最小与最大电阻为 2.351 kΩ 和 2.649 kΩ;+80 C°时最小与最大电阻为 0.313 kΩ 和 0.332 kΩ。

(6) 共轨压力传感器。

压力范围 0~150 MPa。

(7) 曲轴传感器特性参数。

测量范围:20~7 000 r/min;

线圈电阻:860 Ω±10%(20℃);

线圈电感:370 mH±15%(1 kHz);

气隙间隙:0.3~1.8 mm。

(8) 凸轮轴位置传感器。

测速范围:0~4 500 r/min;

气隙间隙:0.2~1.8 mm;

供电电流 <10 mA;

输出电流:≤20 mA。

(9) 喷油器特性参数。

喷油器电阻 0.225 Ω。

10. 共轨系统常见故障及维修注意事项

柴油机机械部分有关的故障在本节不作叙述,主要介绍 GW2.8TC 柴油机供油系统故障现象和可能的故障原因。

1) 常见故障现象及故障部位

(1) 发动机不能起动。

主要故障原因或部位有:电源电压、主继电器、熔断丝/连接电缆/接口、发动机转速传感器、没有燃油或燃油不正确、燃油系统有空气、低压油路堵塞或漏气、电动泵不工作、预热电路(冬季)、高压泵或共轨压力控制装置、喷油嘴电磁阀、控制单元、发动机机械故障。

(2) 发动机熄火但可再次起动。

主要故障原因或部位有:熔断丝/连接电缆/接口连接松动、点火开关触点、燃油不正确、低压油路堵塞或压力过低(电动输油泵、回油阀)、燃油系统有空气(重点低压油路)、高压油路(油泵、压力控制装置)高压油泵及喷油嘴控制电路。

(3) 起动困难。

主要故障原因或部位有:电瓶电压、起动机、继电器及起动开关、燃油有问题、燃油系统有空气、预热系统、冷却液温度传感器(冬季)、低压油路不畅或压力过低、高油油路压力过低、共轨压力调节装置、喷油器工作不良或控制问题、发动机机械系统问题。

(4) 发动机高怠速运转。

主要故障原因或部位有:加速踏板位置传感器。

(5) 暖机过程和加速过程敲缸。

主要故障原因或部位有:冷却液温度传感器、喷油器连接电路、喷油器故障。

(6) 怠速抖动。

主要故障原因或部位有：燃油问题、燃油系统有空气、低压油路堵塞或压力过低、喷油器工作不良、喷油器电路、共轨压力传感器、共轨压力调节装置、高压油泵、发动机机械部分。

(7) 发动机在所有范围动力不足。

主要故障原因或部位有：真空系统(真空泵)600 hPa、空气滤清器堵塞、燃油问题、低压油路供油不畅或压力过低、涡轮增压器失效、加速踏板位置传感器位置不当或信号问题、废气旁通阀、排气制动、中冷器堵塞、增压器后有泄漏、冷却液温度传感器、燃油温度传感器、增压压力传感器、共轨压力传感器、喷油器、高压泵、发动机机械系统。

(8) 发动机冒白烟或蓝烟。

主要故障原因或部位有：冷却液温度传感器、燃油系统有空气、低压油路堵塞、预热系统、机油液面过高、发动机机械系统。

(9) 发动机冒黑烟。

主要故障原因或部位有：空气滤清器堵塞、冷却液温度传感器、涡轮增压器、喷油器及其控制电路(极少)、真空泵、发动机机械系统。

(10) 发动机过热。

主要故障原因或部位有：燃油问题、冷却液温度传感器、冷却风扇、冷却风扇电路、水道堵塞、动机机械系统。

2) 维修注意事项

在维修共轨电控柴油发动机过程中，注意以下几点：

(1) 在维修发动机机械故障和电气故障时应断开蓄电池桩头，防止误起动，以免造成人员伤亡和电气元件损坏等事件；

(2) 发动机运行时，不要断开蓄电池桩头；

(3) 蓄电池的极性和控制单元的极性不能接反；

(4) 不能使用快速起动装置起动发动机，可以采用蓄电池辅助起动；

(5) 给车辆蓄电池充电时应先关闭点火开关，拆卸蓄电池桩头，然后对蓄电池进行充电；

(6) 控制线路的各种插头只能在断电状态(点火开关闭)下进行拔插；

(7) 应遵循制造商的要求使用合适的设备进行故障诊断；故障诊断时，诊断设备应通过发动机机体搭铁；

(8) 不能用传统的方法进行新型电控柴油发动机的故障诊断；

(9) 诊断设备与发动机的控制单元的连接应合适。

3) 电控柴油机系统故障诊断原则

电控柴油机系统故障诊断，需遵守以下几条原则：

(1) 只有经过该系统专业知识培训的技师方能从事新型电控柴油系统的故障诊断；

(2) 应用合适的诊断设备、专用工具进行电控柴油系统的故障诊断；

(3) 故障诊断前需要详细阅读发动机制造厂的操作指南和技术说明；

(4) 电控柴油机系统故障诊断多采用逆源诊断法，即先使用诊断设备找出故障的可能原因，然后从外围设备到控制单元逐步寻找故障所在的部位，最后加以解决；

(5) 如修理站无法完成故障检测修理，请送厂家指定的专业维修站进行维护和修理。

二、工作页

1. 观察试验台上的警告灯，并填写空格与表格。

1）点火开关打开，观察仪表板上的发动机警告灯：

起动前发动机警告灯：　　亮　　不亮

起动后发动机警告灯：　　亮　　不亮

发动机控制系统是否正常：　　正常　　不正常

2）观察发动机怠速转速：

冷车________(r/min)，热车________(r/min)

3）观察仪表板指示灯和仪表的指示情况，填写下表：

	故障指示灯	充电指示灯	预热指示灯	水温表	转速表	机油压力表	涡轮增压压力表
点火开关关闭							
点火开关打开							
发动机运转							

2. 认知柴油共轨发动机的电控系统元件与安装位置。

序号	元件名称	安装位置	连接线	作　用	失效故障
1	曲轴位置传感器				
2	凸轮轴位置传感器				
3	冷却液温度传感器				
4	喷油器				
5	预热塞				
6	进油计量电磁阀				
7	空气流量计				
8	加速踏板位置传感器				
9	共轨压力传感器				

3. 柴油共轨发动机的电控系统检测和故障诊断。

1）曲轴转速传感器的性能检测。

(1) 断开曲轴转速传感器插头，起动发动机，发动机：□ 能起动；□ 不能起动

(2) 连接曲轴转速传感器插头，起动发动机，发动机：□ 能起动；□ 不能起动

(3) 据此可以断定：____。

(4) 测量曲轴转速传感器插头针脚电压：

传感器端子	导线颜色	端子电压	LED 灯测试	示波器波形

(5) 断开曲轴转速传感器插头，起动发动机，连接 X-431，诊断故障码：

____。

据此判断：____。

2）喷油器性能检测。

(1) 测量喷油器电阻值。

喷油器	1	2	3	4
电阻值				
是否正常				

(2) 测量喷油器插头针脚电压与波形。

喷 油 器	1	2	3	4
打开时，端子 1 电压				
打开时，端子 2 电压				
二极管灯连接 1 和 2 端子，起动机运转				
连接喷油器端子 1 与示波器，起动发动机，并加速的波形				
连接喷油器端子 2 与示波器，起动发动机，并加速的波形				
诊断仪读取喷油器喷油脉宽数据流				

3）进油计量电磁阀。

(1)关闭点火开关，拔出进油计量电磁阀，测量传感器电阻值为________。

(2) 连接进油计量电磁阀插头，分别测量电磁阀线路工作电压和波形：

	点火开关关闭时电压	点火开关打开时电压	发动机怠速工作波形	发动机加速工作波形
端子 1				
端子 2				

4. 读取发动机数据流。

	点火开关关闭	点火开关打开	800 r/min	2 000 r/min
蓄电池电压				
冷却液温度				
喷油脉宽				
空气流量计				
共轨燃油压力				
供油提前角				

5. 故障诊断与排除。

(1) 察看故障现象，在下表相应序号上打“√”。

序号	故障现象	有故障的打“√”	序号	故障现象	有故障的打“√”
1	无法起动		9	急加速不良	
2	难起动		10	加油门熄火	
3	怠速抖动(不缺缸)		11	发动机回火	
4	怠速抖动(缺缸)		12	排气管放炮	
5	怠速过高		13	排气管冒黑烟	
6	怠速过低		14		
7	怠速失速		15		
8	加速不良		16		

（2）故障诊断与排除方法与步骤。

步骤	操作内容	说　明
1		
2		
3		
4		
5		
6		
7		
8		
9		
10		

（3）故障诊断与排除操作。

步骤	操作内容	检测数值（波形）	标准数值（波形）	是	否

(续表)

步骤	操作内容	检测数值(波形)	标准数值(波形)	是	否

故障原因：

(4) 总结与体会。

三、复习思考题

1. 电控共轨柴油发动机与电控汽油喷射发动机的控制和工作原理有什么区别?

2. 凸轮轴位置传感器接触不良对电控柴油发动机的工作有何影响？

3. 共轨柴油发动机加速不良的故障原因有哪些？

4. 共轨柴油发动机怠速不稳的原因有哪些？

附录 1　元征 X－431 解码器的操作使用

一、认识 X－431 解码器

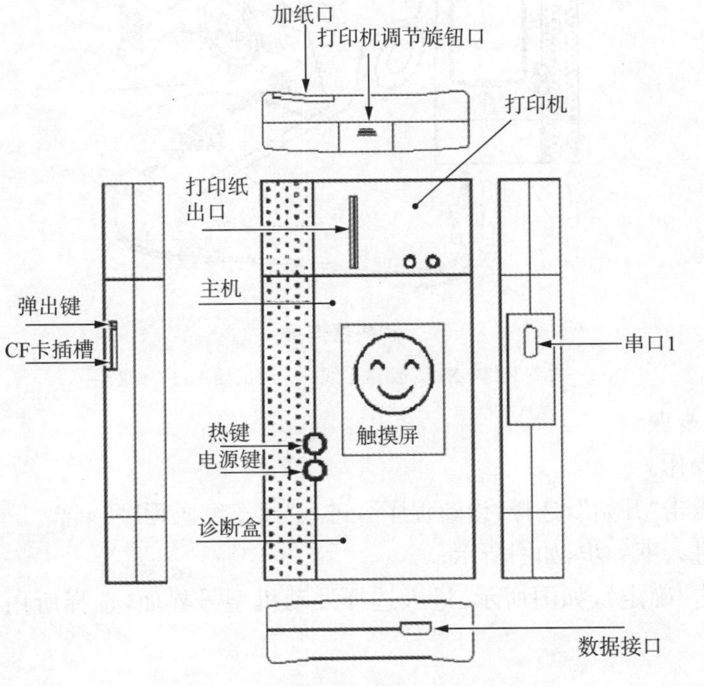

解码器认识

二、认知电控发动机诊断座

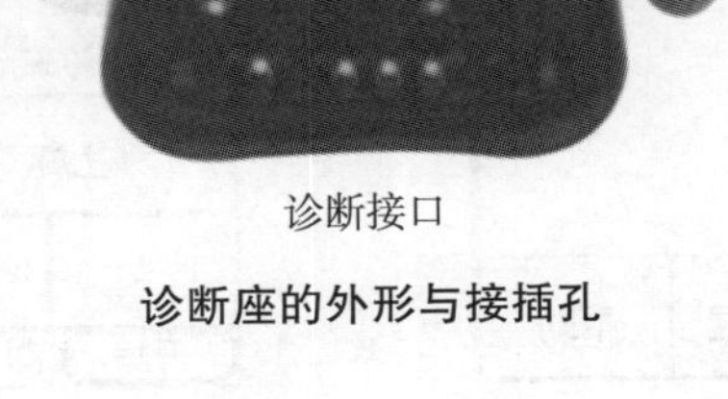

诊断接口

诊断座的外形与接插孔

三、解码器的连接和操作方法

1. 解码器诊断接头与电控发动机诊断座的连接

(1) 找出与车型相配的诊断插头，用连接线将解码器与诊断插头连接好；

(2) 关闭点火开关，将诊断插头与车上诊断座连接好；

(3) 打开点火开关，打开解码器进入诊断程序。

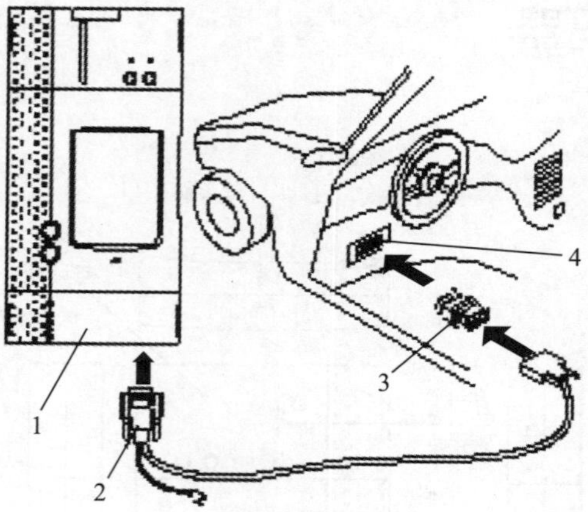

解码器连接

1—SMARTBOX；2—测试主线；3—测试接头；4—诊断座

2. 解码器的操作步骤

(1) 读取故障码操作。

① 打开解码器，点击“开始”，选择“诊断程序”，进入“汽车解码程序”；

② 点击“开始”，进入下一步，如图所示；

③ 选择车系，点击“确定”，如图所示，进入选择发动机型号界面，选择所用发动机的型号，进入下一步；

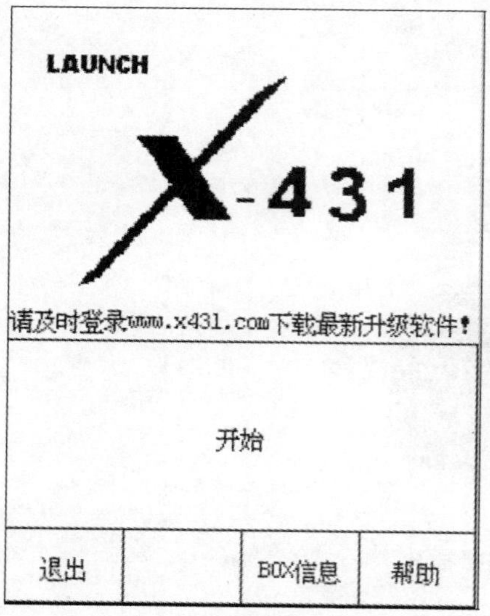

“开始”界面

“车系选择”界面

④ 选择“发动机系统”选项，进入下一界面，如下图所示；

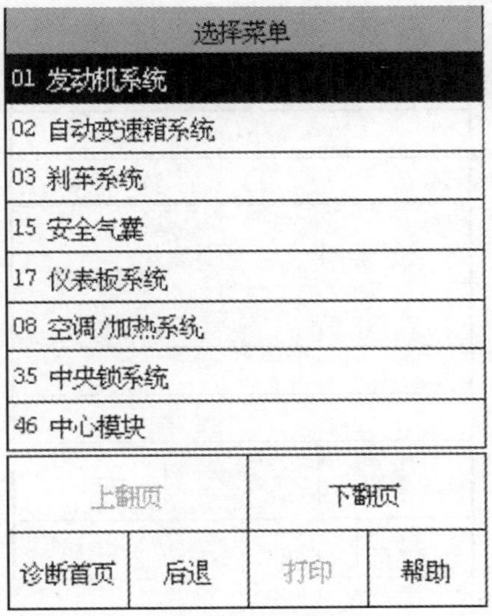

“选择菜单”界面

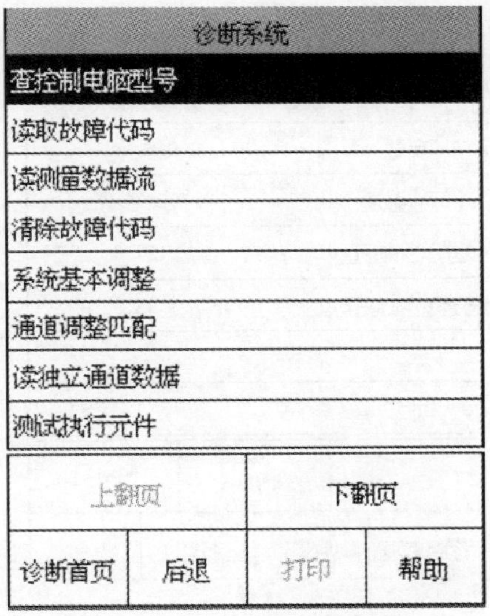

“诊断系统”界面

⑤ 选择“读取故障代码”选项，读取故障码，如下图所示。

(2) 清除故障码操作步骤。

① 读取故障码后，点击“后退”选项，退回上一界面；

② 选择“清除故障代码”选项；

③ 当屏幕上显示“清除成功”后，点击“确定”，退出程序。

清除故障码后再读取故障代码：有 无

(3) 读取数据流操作步骤。

① 打开解码器，点击“开始”，选择“诊断程序”，进入“汽车解码程序”；

② 点击“开始”，进入下一步；

③ 选择车型，点击“确定”，进入选择发动机型号界面，选择所用发动机的型号，进入下一步；

④ 选择“发动机控制模块”选项，进入下一界面；

⑤ 选择“读取当前数据流”选项，进入下一步(大众车型还需要输入相应通道号)，如下图所示；

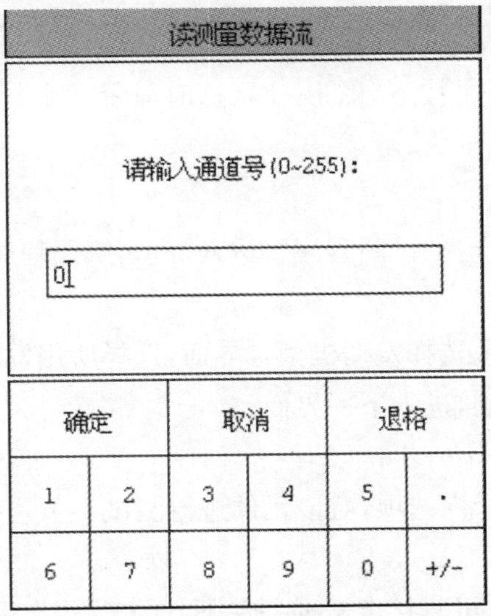

“输通道号”界面

⑥ 选择所要读取数据流的选项(可单项,也可多项)后,点击“确定”,读取数据流。

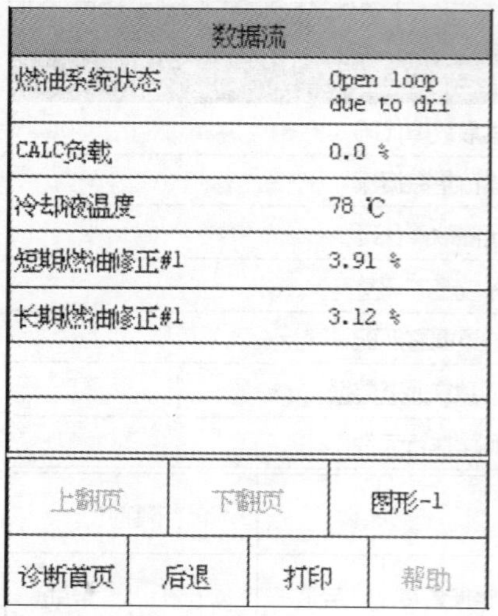

非大众车系数据流实例

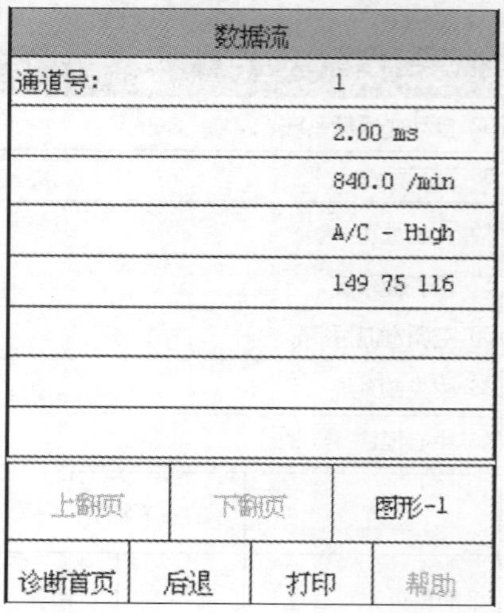

大众车系数据流实例

⑦ 在数据流界面中,选择相应数据流选项,按下“图形-1”,出现单项波形,如图所示。

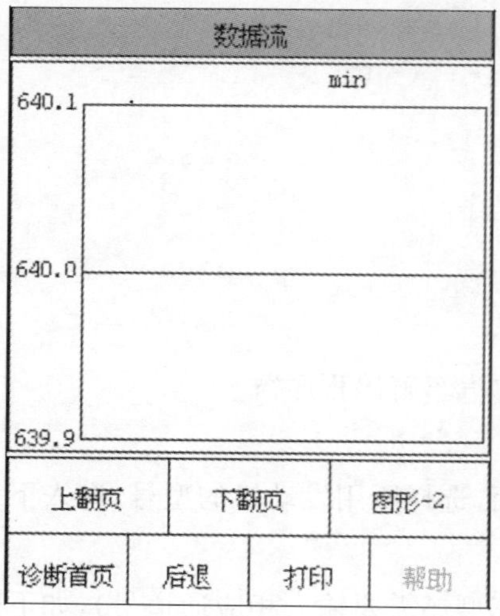

“单个数据流项波形”界面

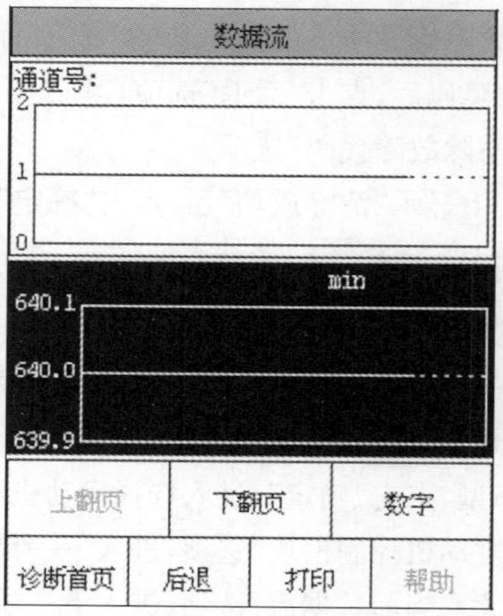

“两个数据流项波形”界面

⑧ 在单项数据波形的界面上,再按下“图形-2”,这时显示两个数据流项波形图。可对相关数据流项进行对比,如图所示。

(4) 对执行元件进行动作测试。

① 打开解码器,点击“开始”,选择“诊断程序”,进入“汽车解码程序”;

② 点击“开始”,进入下一步;

③ 选择车型,点击“确定”,进入选择发动机型号界面,选择所用发动机的型号,进入下一步;

④ 选择“发动机控制模块”选项,进入下一界面;

⑤ 选择“动作测试”选项,进入下一步;

⑥ 直接点击所要测试的执行元件选项,对该元件进行测试。

(5) 退出系统操作步骤。

用完解码器后,退出诊断程序,可直接点击屏幕左下方的“后退”,一步一步退出解码程序。

3. 断开解码器诊断接头与电控发动机诊断座

(1) 退出解码器的解码程序,关闭解码器;

(2) 关闭点火开关;

(3) 拔下解码器的插头。

四、复习思考题

1. 解码器的作用是什么?

2. 解码器与示波器的作用有何差异?

3. 使用解码器的注意事项有哪些?

4. 叙述数据流与故障码之间的关系。

附录2　帕萨特1.8T AWL发动机电子节气门控制系统的检修

一、检查节气门控制单元J338

节气门控制单元壳体内包含节气门驱动器G186(此处指电机,该电机由发动机控制单元控制,按与弹簧力相反方向打开节气门)、节气门驱动器角度传感1 G187和节气门驱动器角度传感器2 G188。角度传感器属于电位计(可变电阻),它将节气门位置信号传给发动机控制单元,二个传感器的信号是彼此独立的,但存在一定的相互关系,两者信号电压的百分比相加的和为100%。电位计不可以作机械式调整,只能使用VAS5051在基本设定(功能04)状态下进行调整。

1. 进行节气门控制单元自适应

打开点火开关10 s以上,不操纵起动机和加速踏板,当存储的角度传感器电压值与实际测得值在某一公差范围内不一致时,发动机控制单元识别出“需要自适应学习”。发动机控制单元识别出“需要自适应学习”后,自适应自动执行完成(自适应是否完成是看不出来)。通过自适应,发动机控制单元“学习”节气门各不同位置,这些位置参数被存入发动机控制单元。节气门位置由二个节气门驱动器角度传感器来反馈。

拆装或更换节气门控制单元J338或发动机控制单元或发动机控制单元供电中断时,必须进行自适应学习。这时可以打开点火开关,通过基本设定(功能04)在显示组060中完成。

节气门控制单元执行自适应学习,必须满足以下条件:

① 故障存储器内无故障存储;

② 发动机不转,点火开关打开;

③ 不踏下加速踏板;

④ 冷却液温度在10～95℃;

⑤ 进气温度在10～90℃;

⑥ 发动机控制单元供电电压高于12.7 V。

自适应的过程如下:

连接VAS 5051,选择“01发动机电控单元”,然后打开点火开关。显示屏显示:

快速数据传输	帮助
选择功能××	

输入04选择“基本设定”,按Q键确认。显示屏显示:

基本设定	Q
输入显示组号×××	

输入组号060，按Q键确认。按Q键后，节气门控制器先被无电流接通，在该状态，节气门通过一个位于节气门控制单元内的弹簧进入应急运行位置，二个角度传感器的应急运行位置值被存入发动机控制单元。然后在某一值时节气门被打开，如果达到该值，节气门控制器又被无电流接通，这时，在一定时间内，弹簧应将节气门关闭到先前自适应应急运行位置(弹簧检测)。随后节气门又被节气门控制器关闭，节气门控制单元内角度传感器传送的值被存入发动机控制单元。在汽车行驶过程中，如果发动机控制单元无电流接通了节气门控制器，则怠速升高且不稳，发动机加速非常缓慢。显示屏显示：

基本设定			→
1	2	3	4

在显示区3和4中检查节气门控制单元规定值。

显示区3为自适应步进计数器，范围为0～8，自适应完成后，计数应达到8(也可能超过这个数)。显示区4表示自适应状态(ADP Lauft、ADP i. o. 和 ERROR)，规定值应为ADP i. o.，如果显示“ERROR”，需要查询故障代码。如果控制单元自适应中断，可能是下述原因：

① 节气门不能完全关闭(如脏污)；

② 蓄电池电压过低；

③ 节气门控制单元或导线损坏；

④ 在自适应过程中，起动了发动机或踏动了油门踏板；

⑤ 节气门壳体卡得过紧(检查螺栓连接)。

中断后，显示屏显示“功能未知或当前不能执行”。下次打开点火开关后几秒钟，自适应自动重新进行。

2. 检查节气门控制器的角度传感器

节气门角度传感器G187和G188向发动机控制单元发送节气门位置信号。两个角度传感器都在节气门控制单元内。

连接VAS5051，输入“01发动机电控单元”，然后打开点火开关。显示屏显示：

快速数据传输	帮助
选择功能××	

输入08选择“读取测量数据块”，按Q键确认。显示屏显示：

读取测量数据块	Q
输入显示组号×××	

输入显示组062，按Q键确认。显示屏显示：

读取测量数据块			→
1	2	3	4

检查显示区1和2中的电子油门电位计电压规定值。显示区1和2显示内容为节气门角度传感器G187和G188的节气门角度。规定值分别为3%～93%和97%～3%。发动机控制单元将角度传感器电压值换算成百分比(以5 V为基数)，并显示该百分比(5 V相当于100%)。

注意显示区1和2。慢慢将加速踏板踩到底。显示区1的百分比均匀升高，显示范围3%～93%；显示区2的百分比值应均匀下降，显示范围97%～3%。显示区1显示值升高，而显示区2显示值降低，原因在于节气门控制单元电位计(角度传感器)的可逆转性。也就是说，角度传感器1的分电压从5 V向0 V变化(节气门开得越大，电压越低，百分比值下降)。角度传感器2的分电压从0 V向5 V变化(节气

门开得越大，电压越高，百分比值上升）

如果显示值没有达到规定要求，检查节气门控制单元的供电及导线，尤其要注意插头，它可能松动或锈蚀。检查加速踏板位置传感器。

3. 检查节气门控制单元供电

拔下节气门控制单元插头，打开点火开关。用万用表电压档测量节气门控制单元插头端子2与搭铁间及端子2与端子6之间的电压，该电压值均应约为5 V。如果未达到规定值，检查从发动机控制单元到节气门控制单元的导线连接。检查插头端子导线是否断路及对地/正极短路。如需要，排除断路或短路故障。如果导线无故障，则更换节气门控制单元。

二、检查加速踏板位置传感器

加速踏板位置传感器G79和G185组成一个总成部件，安装在加速踏板下，各自独立将踏板位置信号传递给发动机控制单元。

连接V. A. G5051，选择“01发动机电控单元”，然后打开点火开关。显示屏显示：

快速数据传输	帮助
选择功能××	

输入08选择“读取测量数据块”，按Q键确认。显示屏显示：

读取测量数据块	Q
输入显示组号×××	

输入显示组062，按Q键确认。显示屏显示：

读取测量数据块			→
1	2	3	4

检查显示区3和4中的加速踏板位置传感器的信号值。

显示区3和显示区4显示内容为加速踏板位置传感器1和2的电压值，信号值分别为12%～97%和4%～49%。发动机控制单元将角度传感器电压值换算成百分比（以5 V为基数），并显示该百分比（5 V相当于100%）。

注意显示区3和4。慢慢将加速踏踩到底。显示区3的百分比值均匀升高，显示范围12%～97%；显示区4的百分比值应均匀升高，显示范围4%～49%。显示区3的值应始终约等于显示区4的2倍。如果显示值没达到规定要求，检查加速踏板位置传感器的供电及导线。

拆下驾驶人一侧杂物箱，拔下加速踏板位置传感器插头，打开点火开关。用万用表测量加速踏板位置传感器插头端子1和接地、端子1和5、端子2和接地以及端子2和3之间电压。电压值均应为约5 V。如果达到规定值，检查信号线；如果未达到规定值，检查从发动机控制单元到加速踏板位置传感器的导线连接是否断路或对地/正极短路；如需要，则排除导线断路或短路故障；如果导线无故障，则更换加速踏板位置传感器。

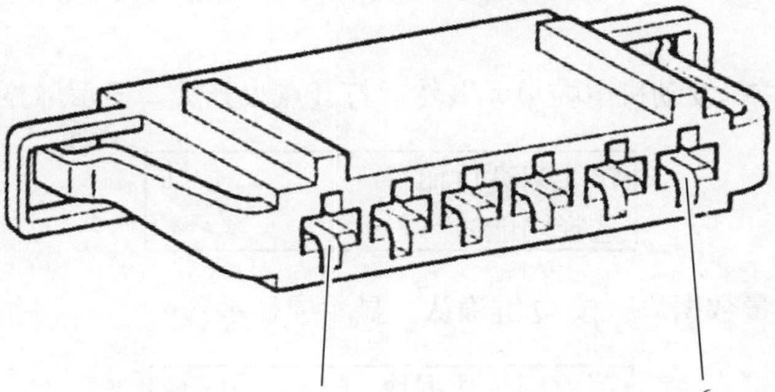

油门踏板位置传感器插头

三、强制减挡自适应

如果更换了加速踏板位置传感器或发动机控制单元，那么对于自动变速器的车辆，必须进行强制减挡功能自适应。

进行强制减挡自适应时要求故障存储器内无故障代码。发动机不转，且点火开关打开。

连接 VAS5051，选择"01 发动机电控单元"，然后打开点火开关。显示屏显示：

快速数据传输	帮助
选择功能××	

输入 04 选择"基本设定"，按 Q 键确认。显示屏显示：

基本设定	Q
输入显示组号×××	

输入显示组 063，按 Q 键确认。显示屏显示：

基本设定 63			→
1	2	3	4

现在要求"操纵强制减挡功能"，踏下加速踏板，一直踏过强制减挡作用点，并保持该状态。在强制减挡作用点自适应过程中，V. A. G1551 显示屏上显示"kickdown ADP läuft"，完成自适应后显示"kickdown ADP i. O."，检查显示区 4 的显示是否正常。"ADP"是一缩写，表示自适应，也就是适配之意。"ERROR"可能在下述情况出现：测试仪准备好时没有立即踏下加速踏板，或自适应正在进行但未完成时松开了加速踏板。这两种情况均需脱离"基本设定"，重新进行自适应。

四、检查制动灯开关和制动踏板开关

当出于安全原因而踏下制动踏板时，从加速踏板传感器(电位计)到达发动机控制单元的用于打开节气门的指令即被遏制。为此，发动机控制单元需要制动灯信号及制动踏板开关信号。在一直踏着加速踏板时，如果踏下了制动踏板，那么发动机会立即降至怠速转速；如果开关损坏，那么会在根本不需要时，发动机转速被降低。

连接 VAS5051，选择“01 发动机电控单元”，然后打开点火开关。显示屏显示：

快速数据传输	帮助
选择功能××	

输入 08 选择“读取测量数据块”，按 Q 键确认。显示屏显示：

读取测量数据块	Q
输入显示组号×××	

输入显示组 066，按 Q 键确认。显示屏显示：

读取测量数据块 66			→
1	2	3	4

检查显示区 2 的制动灯/制动踏板开关。显示区 2 在未踏下制动踏板时应显示××××××00，已踏下制动踏板时应显示××××××11，其中×无意义。如果未达到规定显示值，则检查制动灯/制动踏板开关。

1. 检查制动灯/制动踏板开关

扳下驾驶人一侧杂物箱，拔下制动灯/制动踏板开关插头。将万用表接到制动灯/制动踏板开关插头端子 1 和 2 之间测电阻，电阻值应为∞Ω(开路)，踏下制动踏板，电阻应变为约 0 Ω。将万用表接到端子 3 和 4 之间测电阻，电阻值应为约 0 Ω，踏下制动踏板，电阻值应变为∞Ω(开路)。

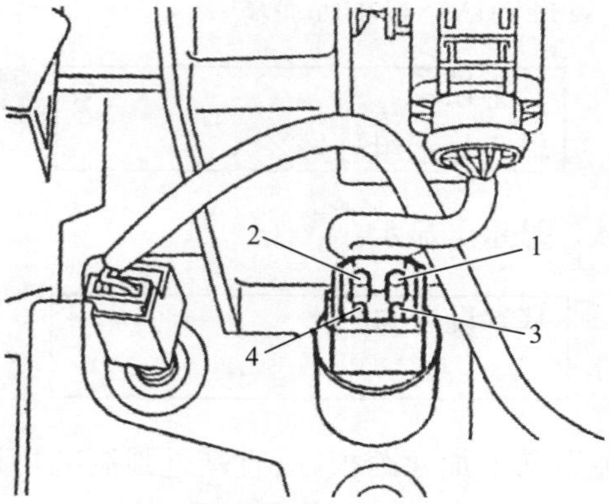

制动灯/制动踏板开关

如果未达到规定值，更换制动灯/制动踏板开关。如果达到规定值，检查制动灯/制动踏板开关供电。

2. 检查制动灯/制动踏板开关供电

将二极管试灯连接到制动灯/制动踏板开关插头端子 1 和车身搭铁之间，二极管试灯应亮，将二极管试灯连接到制动灯/制动踏板开关插头端子 3 和车身搭铁之间，打开点火开关，二极管试灯应亮。如果二极管试灯不亮，检查端子 1 或端子 3 的导线是否断路或对地短路。

如需要，则排除导线断路或短路故障。如果二极管试灯亮，则检查端子 2 和 4 的导线连接是否断路及对地/正极短路。如需要，排除导线断路或短路故障。

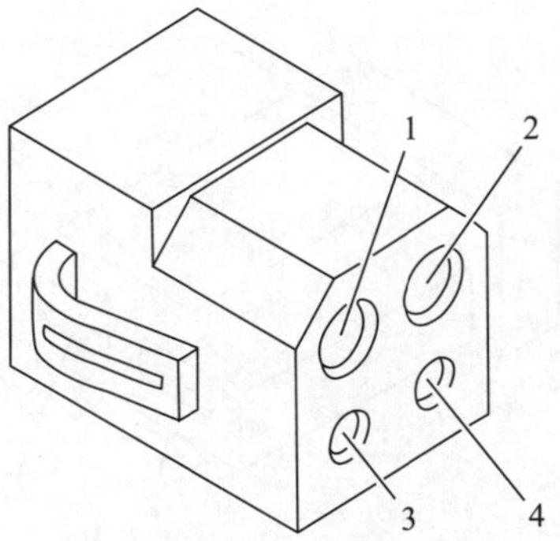

制动灯/制动踏板开关插头

五、检查离合器踏板开关 F36

离合器踏板开关 F36 信号用于避免松开离合器时产生转速及负荷冲击，信号用于车速控制装置(GRA)。

连接 VAS5051，选择“01 发动机电控单元”，然后打开点火开关。显示屏显示：

快速数据传输	帮助
选择功能××	

输入 08 选择“读取测量数据块”，按 Q 键确认。显示屏显示：

读取测量数据块	Q
输入显示组号×××	

输入显示组 066，按 Q 键确认。显示屏显示：

读取测量数据块 66			→
1	2	3	4

检查显示区 2 的显示。显示区 2 在未踏下离合器踏板时应显示×××××0××，在踏下离合器踏板时应显示×××××1××，其中×无意义。如果显示与规定不符，则检查离合器踏板开关。

1. 检查离合器踏板开关

拆下驾驶人一侧杂物箱，拔下离合器踏板开关插头。将万用表接到端子 1 和 2 之间测电阻，电阻值应为约 0 Ω，踏下离合器踏板，电阻值应变为∞Ω(开路)。如果未达到规定值，更换离合器踏板开关。如果达到规定值，检查离合器踏板开关供电。

2. 检查离合器踏板开关供电

将二极管试灯接到离合器踏板开关插头端子 1 和车身搭铁之间，打开点火开关，二极管试灯应亮。如果二极管试灯不亮，检查插头端子 1 到熔断丝的导线是否断路。如需要，排除导线断路。如果二极管试灯亮，检查离合器踏板开关插头端子 2 导线是否断路及对地/正极短路。如需要，排除导线断路或短路故障。

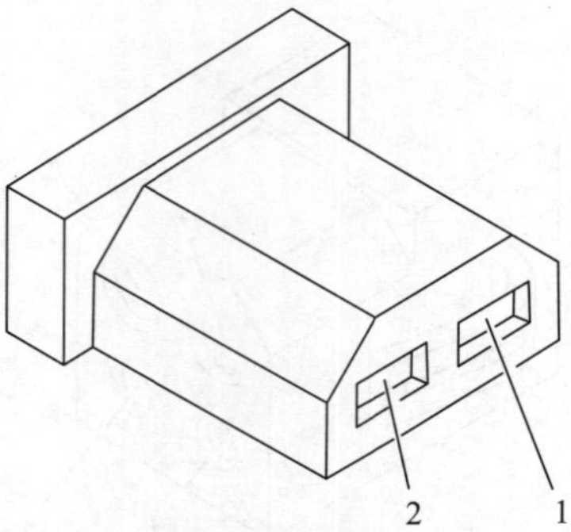

离合器踏板开关插头

六、复习思考题

1. 什么叫自适应？如何进行节气门控制单元自适应操作？

2. 为何要设置二个节气门角度传感器？二者信号之间的关系是什么？如何检测？

3. 为何要设置二个加速踏板位置传感器？二者信号之间的关系是什么？如何检测？

4. 如何检查制动灯开关和制动踏板开关？

5. 如何检查离合器踏板开关？

附录3　桑塔纳3000乘用车(BKT发动机)电路图

发动机控制单元、节气门控制部件、1、2缸爆传感器(57-70)

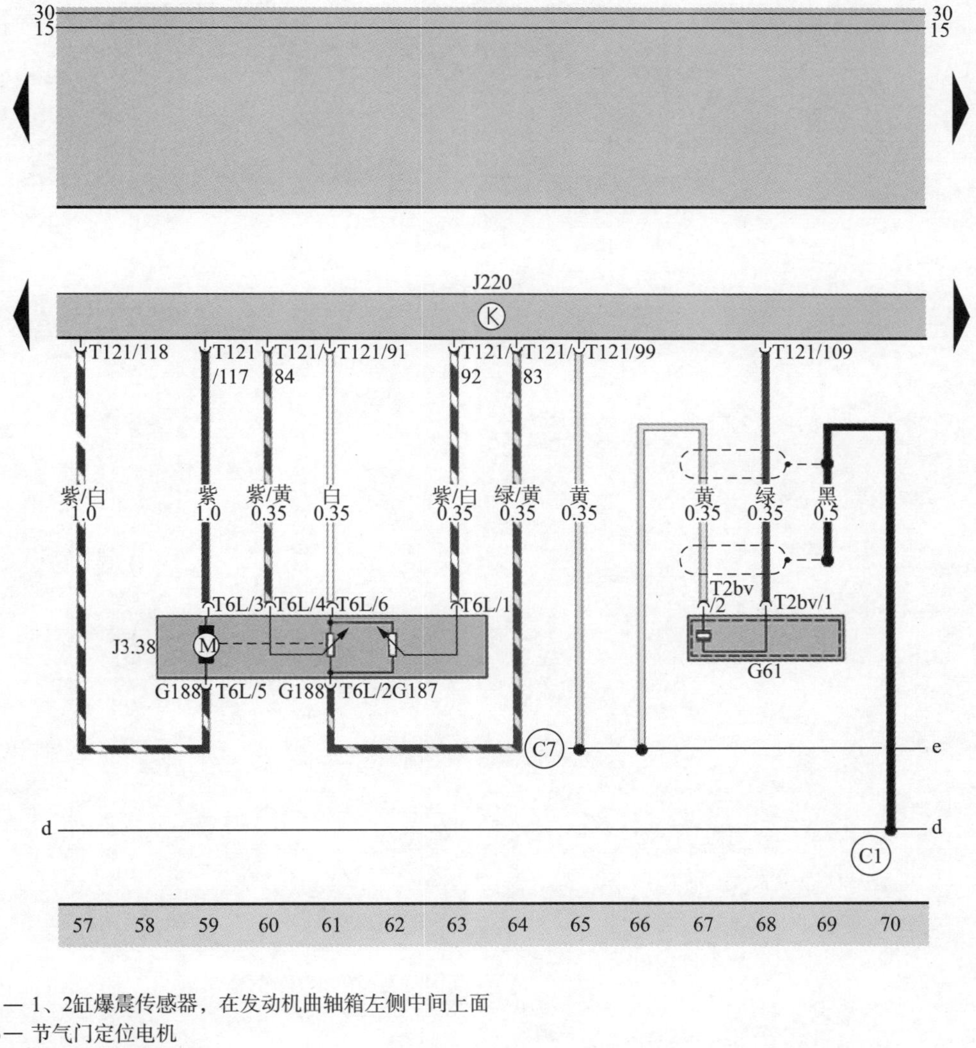

G61 — 1、2缸爆震传感器，在发动机曲轴箱左侧中间上面
G186— 节气门定位电机
G187— 节气门角度传感器1
G188— 节气门角度传感器2
J220 — Motronic发动机控制单元，在空调进风罩右侧
J338 — 节气门控制部件
T2bv — 2针插头，黑色，在1、2缸爆震传感器上
T6L — 6针插头，黑色，在节气门上
T121 — 121针插头，黑色，在发动机控制单元上
(C1) — 接地连接线(传感器接地)，在发动机右线束内
(C7) — 连接线，在发动机右线束内